手 Hands から始まる物語
［第3回］

九十九里、69歳、硝子職人

約1400度に熱せられた溶解炉から硝子を取り出す作業。

今回紹介したい「手」の持ち主は、これぞまさに「職人」という人だ。
硝子を操る手の妖艶な動き、そして目の輝き。あんな風に夢中になって歳を重ねられたら、と心から思えた憧れの存在だ。

関　健作
photo & text
KENSAKU SEKI

[上] 竿に巻きつけた硝子に息を吹き込み、器のかたちを形成する。
[下] かたちができ冷めた硝子と、ドロドロの柔らかい硝子を組み合わせる。工芸の種類によって様々な作業がある。

●せき・けんさく　1983年、千葉県に生まれる。2006年、順天堂大学・スポーツ健康科学部を卒業。2007年から3年間体育教師としてブータンの小中学校で教鞭をとる。2010年、帰国して小学校の教員になるがすぐに退職。現在フリーランスフォトグラファー。
[受賞] 2017年　第13回「名取洋之助写真賞」受賞／2017年　APAアワード2017　写真作品部門　文部科学大臣賞受賞
[著書]『ブータンの笑顔　新米教師が、ブータンの子どもたちと過ごした3年間』（径書房）2013
[写真集]『OF HOPE AND FEAR』（Reminders Photography Stronghold）2018／『名取洋之助写真賞　受賞作品　写真集』（日本写真家協会）2017／『祭りのとき、祈りのとき』（私家版）2016

　3月中旬、工場の中は額に汗が吹き出す暑さだった。ぼくがファインダー越しに見ていたのは、硝子と向き合う一人の職人の手だ。短時間の間にドロドロに溶けた赤い硝子を美しいかたちに変える。塚本衛さん、69歳。彼の手が作り出す造形美と、無駄のない動き、そして彼の生き様に惹かれ、2日間密着取材をさせてもらった。
　千葉県九十九里町にある菅原工芸硝子の工場。建物の中心に鎮座する溶解炉は1年を通して火を絶やさない。内部は約1400度に熱せられ、釜の中を覗くと赤く溶けた硝子を見ることができる。工場で働く職人さんたちは溶解炉から素早く硝子を取り出し、みるみるうちに器のかたちへと変えていく。ひときわ存在感があるのが最年長の職人、塚本衛さんだった。
　塚本さんは15歳でこの道を歩み始め、54年間、硝子と対話し続けてきた。はじめはただの仕事として作業をしていたが、年を重ね30歳を超えたころから硝子工芸の面白さにのめり込んでいったそうだ。硝子に触れていないと落ち着かないという塚本さんは、

塚本衛さん69歳と溶解炉。

休日でも工場に足を運んでしまうという。キャリアを重ねていく中で、おそらく多くの人はどこかで「慣れ」だったり、「飽き」だったり、そういった気持ちが芽生えてくるものと思うのだが、彼からはそれらを一切感じない。

　工場内は、溶解炉の熱で常に真夏のような環境下。そこで一日中、作業し続けるというのは69歳にとって、一見過酷そうに見える。しかし硝子に触れ始めると、彼の瞳は生き生きと輝きを放つ。まるで新しいおもちゃを買ってもらった子供のように。そして、彼の手も作業を始めると一変する。溶解炉から溶けた硝子をちょうどいい大きさにすくい上げる。竿に巻きつけ硝子に息を吹き込み、器のかたちを形成していく。竿についた硝子をぐるぐると回しながらかたちを整えていく。すべての作業は、硝子が柔らかく熱いうちに行わなければならないため、短期間に終わらせなければならない。手の甲から腕にかけて引き締まった筋と太い血管が浮かび上がる。ところどころに火傷の跡が見られ、分厚く大きい手の平が作り出す形状は、まるで地獄の炎に照らされた鬼の手のような迫力がある。しかしその動きは繊細で、美しいダンスをするかのように無駄がなく洗練されていた。

　「硝子は仕事であり、遊びでもある。自分にとって宝のようなものだ。これだけやってもまだわからないことがある。だから楽しい」

　こんなにも言葉と行動が一致する人をぼくは見たことがない。彼の存在そのものが一瞬一瞬の物語を紡ぎだしている。こんな仕事人になりたい。彼の姿勢を見ているとそんな想いがふと浮かび上がってきた。

　「体が動くかぎりずっと硝子に触れていたい」

　塚本さんの硝子に対する情熱は溶解炉のように熱い。そして365日絶えることはない。

> ●九十九里にある菅原工芸硝子の工房では、ガラスの「熱さ」「やわらかさ」を感じていただける、ガラス制作体験教室を行っています。
> また、塚本さんや硝子職人さんの作業の様子を間近で見学することもできます。
> 詳しくはこちらをご覧ください。
> http://www.sugahara.com/mini_school/

来年に控える東京オリンピックでのメダルが期待される日本代表チーム

かけっこの醍醐味

　先月、横浜で行われたIAAF世界リレー大会は、過去に3回、カリブ海に浮かぶ西インド諸島のバハマで開催された新しい大会だ。一番の特徴は種目がリレーのみで、4×100mや4×400mなどお馴染みの種目もあれば、混合4×400mや混合2×2×400m、そして、混合シャトルハードルといった一風変わった種目が組み込まれている。

　リレー種目だけの世界大会。7万人を収容するスタジアムを埋めることができるか分からない日本での開催には懐疑的な気持ちが強かった。残念ながら満員の観衆を集めることはできなかったが、結果としてこの大会はスポーツの醍醐味を充分に味わえる大会だったと思う。

　日本の金メダルが期待された4×100mでは3走と4走との間でバトンミスによる失格となってしまったが、その走りは来年のオリンピックに向けて期待を抱かせる内容だったし、改めてリレー種目の奥深さを教えてくれるレースだった。それ以外の種目でも会場に足を運んだ観客はゴール直前でのデットヒートに大いに沸いた。走って誰が一番速いのかを競う「かけっこ」は最も原始的かつ本能的な競争だからこそ面白いのだ。

[写真・文] 髙須　力　たかす・つとむ
東京都出身。2002年より独学でスポーツ写真を始め、フリーランスとなる。サッカーを中心に様々な競技を撮影。ライフワークとしてセパタクローを追いかけている。日本スポーツプレス協会、国際スポーツプレス協会会員。http://takasutsutomu.com/

学校教育・
実践ライブラリ
Vol. 3

これからの通知表の
あり方・作り方を考える

学校教育・実践ライブラリ　Vol.3

連載

創る—create

44　田村学の新課程往来③ ——————————————————— 田村　学
「見方・考え方」について考える

46　続・校長室のカリキュラム・マネジメント③ ————————— 末松裕基
常に考えながら、言葉を新たにしていく

48　ここがポイント！ 学校現場の人材育成③ ——————————— 高野敬三
新任教員の即戦力化〈その3〉

68　講座　単元を創る③ ——————————————————————— 齊藤一弥
単元を創る出発点

70　連続講座・新しい評価がわかる12章③ ———————————— 佐藤　真
観点別学習状況の評価の改訂ポイント

72　学びを起こす授業研究③ ————————————————————— 村川雅弘
「深い学び」づくりの基盤となる教科等のカリマネ

82　進行中！ 子どもと創る新課程③ ————————————————— 鈴木美佐緒
3月11日を忘れないために
——仙台市立荒町小学校　防災の日

つながる—connect

50　子どもの心に響く　校長講話③ ————————————————— 手島宏樹
僕の夢（錦織圭）

76　カウンセリング感覚で高める教師力③ ———————————— 有村久春
カウンセリング関係

79　ユーモア詩でつづる学級歳時記③ ——————————————— 増田修治
「お風呂」

80　UD思考で支援の扉を開く　私の支援者手帳から③ ————— 小栗正幸
原因論にまつわる煩悩（2）
——「わざとしている」と思いたくなる煩悩

84　学び手を育てる対話力③ ————————————————————— 石井順治
わからなさから学びを生み出す対話力

知る—knowledge

38　解決！ ライブラちゃんの　これって常識？　学校のあれこれ③ ———— 編集部
校長室はあるのに、なぜ教頭室はないの？［京都光華女子大学監査部長　若井彌一］

40　本の森・知恵の泉③ ——————————————————————— 飯田　稔
未知を招き入れ解決を図る思考
——『天然知能』

42　リーダーから始めよう！ 元気な職場をつくるためのメンタルケア入門③ ——— 奥田弘美
ストレスサインに対して敏感になろう

教育長インタビュー　——次代を創るリーダーの戦略Ⅱ③

56　「公設民営塾」で目指す高校魅力化と「つながりのある」教育

[北海道寿都町教育長] 有田千尋

カラーページ

1　Hands　手から始まる物語③ ——————————————————— 関　健作
九十九里、69歳、硝子職人

4　スポーツの力 [season2]③ ——————————————————— 髙須　力
かけっこの醍醐味

特集
これからの通知表のあり方・作り方を考える

●インタビュー
14　新たな時代に即した評価活動を
　　──学習評価と通知表のこれまでとこれから
　　　田中耕治［佛教大学教授］

●論考──theme
22　通知表に求められる役割 ───────── 嶋﨑政男
24　3観点をどのように評価していくか ───── 田中耕治
26　「特別の教科　道徳」の評価 ──────── 林　泰成
28　「外国語活動」の評価のあり方 ──────── 瀧本知香
30　「特別活動」の評価と表記 ────────── 林　尚示
32　通知表の趣旨と機能を生かす　行動の記録・総合所見の評価と表記 ── 喜名朝博

エッセイ
8　離島に恋して！③ ───────────────── 鯨本あつこ
　　イノベーションが生まれる島
52　リレーエッセイ・Hooray!　わたしのGOODニュース
　　一期一会を大切に ───────────── ［落語家］林家たい平
96　校長エッセイ・私の一品
　　山陽小学校農園 ─────── ［岡山県赤磐市立山陽小学校長］坪井秀樹
　　「ひろしくん」が見つめているもの ── ［大阪府柏原市立国分中学校長］岩井晃子

ワンテーマ・フォーラム──現場で考えるこれからの教育
地域を生かす学校づくり・授業づくり〜東北からの発信〜
61　学校支援地域本部を要に地域を生かす学校づくり ───── 猪股亮文
62　ふるさと「閖上（ゆりあげ）」と子どもたちを結び付けてくれたもの ── 大沼あゆみ
63　地域とともに子どもを育てる ────────────── 加藤與志輝
64　地域に学び本気の追究を生み出す総合的な学習を目指して ── 山田麗圭
65　東北の地に根ざした教育実践を創る
　　──「現実」に向かい、「事実」を重んじ、「真実」を求める ── 吉村敏之

10　教育Insight ─────────────────────── 渡辺敦司
　　技術革新と高校改革で教育再生実行会議が11次提言
86　スクールリーダーの資料室
　　昭和26年学習指導要領を読んでみよう（上）

イノベーションが生まれる島
大崎上島［広島県］

　私が編集長を務めている有人離島専門メディア『ritokei（リトケイ）』は、離島経済新聞社というNPO法人が発行しています。離島経済新聞社は2010年に私を含む4人の仲間で立ち上げた組織ですが、当時の仲間には誰一人として島にゆかりのある人間はいませんでした。

　そんな人間がなぜ離島をテーマにしたのか？　きっかけは広島県の大崎上島でした。9年前に「新しいメディアでも作りたいね」という話をしていた私たちは、ある友人が瀬戸内海の離島へ移住すると聞き、その島へ遊びに行きました。

　広島空港から車を走らせ30分ほどで到着する竹原港から船に乗って30分。約8000人が暮らす島にはレモンやみかんがたわわに実り、島で出会ったおじさんに「この島は宝島なんだ」と言われた言葉が、私たちの心に刺さり、離島経済新聞社をつくることになりました。

　先日、9年ぶりに大崎上島を訪れました。今の時代、人やモノの移動は、自動車や電車、飛行機が主流ですが、それらが今ほど当たり前でなかった時代（あるいは全くなかった時代）には船が活躍しており、瀬戸内海一帯に人やモノが集まっていたといいます。

いさもと・あつこ　1982年生まれ。大分県日田市出身。NPO法人離島経済新聞社の有人離島専門メディア『離島経済新聞』、季刊紙『季刊リトケイ』統括編集長。地方誌編集者、経済誌の広告ディレクター、イラストレーター等を経て2010年に離島経済新聞社を設立。地域づくりや編集デザインの領域で事業プロデュース、人材育成、広報ディレクション、講演、執筆等に携わる。2012年ロハスデザイン大賞ヒト部門受賞。美ら島沖縄大使。2児の母。

NPO法人離島経済新聞社
統括編集長
鯨本あつこ

瀬戸内海の島々を歩くと、海運が栄えていた時代の痕跡を見ることができ、大崎上島もその一つで、船の風待ち潮待ちに使われていた港には立派な木造建築が並び、大崎上島に移住した友人が購入した古民家にも、贅沢な造りの窓枠や瓦などがふんだんに使われていました。

　時代の変化で海運業のにぎわいは少しずつ衰え、かつては30社あったという島の造船所も現在は3社に。そして、日本全国の過疎地域よろしく、人口減少・少子高齢化の波も打ち寄せています。

　にぎわいの灯りが消えつつあった大崎上島ですが、実はここ5年で状況が好転しています。その鍵は教育であり、海運で栄えた島から「教育の島」にシフトしているのです。

　大崎上島には国立の広島商船高専と県立の大崎海星高校がありますが、海星高校は長らく定員割れ状態にありました。2014年、定員割れが続けば存続できない事態となり、大崎上島町は「高校の魅力化（※）」を決意。本来は交流の少ない県立高校と町が連携し、高校の魅力化プロジェクトを進めた結果、現在は定員80名を超える100名の生徒が同校で学びを得ています。さらに2019年には中高一貫のグローバルリーダー校が島内で開学し、人口8000人の島にゆくゆくは1000人超の中高生が存在する状況が生まれようとしています。時代が変わり、人口が減っても、その場所を担う人が育っていれば、イノベーションは起きるはず。9年前に島のおじさんが言った「この島は宝島なんだ」は、美味しい柑橘が育つ島という意味だけでなく、未来を担う人が育つ島としても現実になっているのです。

　ちなみに、島の南東部にあるホテルでは、数年前から帝国ホテルで長年バーテンダーを務めた方がシェーカーを振っています。先日、大崎上島で「島の柑橘を一番楽しめるお酒を」とお願いしたところ、出してくださったウイスキーソーダには驚きました。熟練の技と大崎上島の柑橘がなければ出せない味わい。大崎上島を訪れた際には、ぜひ味わってみてください。

（※）島根県の離島・海士町の隠岐島前高校から広まった取組。その地域や学校でなければ学べない独自カリキュラムと、公営塾、教育寮を通じた全人教育の3本柱で、生徒にとって学びたい、保護者にとって通わせたい、魅力のある高校にするプロジェクト。

写真左●大崎上島から見渡す瀬戸内海の島々
写真中央●離島経済新聞社の立ち上げ当時。大崎上島での取材風景
写真右●木江地区にあるホテル清風館のバーにて。島の柑橘がふんだんに味わえるウイスキーソーダ

教育Insight

技術革新と高校改革で教育再生実行会議が11次提言

教育ジャーナリスト
渡辺敦司

政府の教育再生実行会議（座長＝鎌田薫・前早稲田大学総長）は5月17日、第11次提言「技術の進展に応じた教育の革新、新時代に対応した高等学校改革について」をまとめた。1月に発表した19ページの中間報告に比べ、33ページに拡充。ICT（情報通信技術）を学びの「マストアイテム」（必需のもの）と位置付けてSociety5.0を担う人材育成を推進するとともに、生徒の7割が通う高校普通科に国が「類型の枠組み」を示して各校が選択できるようにすることを提言している。提言の具体化は、4月に初等中等教育の"包括諮問"があった中央教育審議会に委ねられる。

●Society5.0の立ち遅れに危機感

第11次提言は昨年8月、「技術革新」「高校改革」の二つのワーキンググループを設けて各7回の会合を開催。5月14日にまとまった自民党「教育再生実行本部」の第12次提言も参考にした。

第11次提言では総論として、急速な人口減少や少子高齢化が進む中、地方創生に国を挙げて取り組むことが喫緊の課題だと強調。人生100年時代には、一人一人が生涯を通じて社会に貢献するため能動的に学び続けることが重要だとした。

さらに、人工知能（AI）やロボティクス、ビッグデータ、IoT（モノのインターネット）といった技術革新でSociety5.0と言われる「超スマート社会」が到来する中、日本が世界に先駆けて「課題解決先進国」にならなければならないと訴えている。

一方で、AIやIoT分野では最先端諸国に比べて大きく立ち遅れていることを認めるとともに、国内の地域間格差も大きいことから「我が国は内外ともに危機的な状況にあり、国内外で一歩を踏み出すべき瀬戸際に立っている」との危機感を示し、専門人材の育成やデータサイエンス等のリテラシー向上には、教育再生を「大胆にスピード感を持って」進めるべきだとしている。

●個別最適化とともに直接体験も

一つ目のテーマ「技術の進展に応じた教育の革新」では、Society5.0の変化のスピードや姿は誰にも予測することができないものの、世界ではAIなどの先端技術を活用したイノベーションが創出されつつあり、開発と利活用の双方から先端技術を適切かつ積極的に使いこなしていくことが不可欠になるとの認識を示した。

教育では学習状況のビッグデータである「スタディ・ログ」を活用した「公正に個別最適化された学び」の実現が期待されるが、個別最適化された学びだけでは今後の社会を生きていくために必要な力のすべてを育むことはできないと注意を喚起。「直接体験」の機会を充実することにより、自

分の価値を認識しつつ他者と協働する機会を設けることが不可欠だとしている。

その際、教師の資質・能力の向上や、「脆弱」なままの学校のICT環境の整備も求めている。

具体的には、新学習指導要領で充実されたプログラミングやデータサイエンス、統計教育については全児童生徒に基盤的学力を習得させた上で、高度専門人材を育成する必要性を改めて強調。国には児童生徒の情報活用を客観的に測定・把握するための手法を検討することを求めるとともに、STEAM教育（科学、技術、工学、芸術、数学の教科横断的な教育）を推進するために、総合的な学習の時間や総合的な探究の時間、理数探究等で問題発見・解決的な学習活動の充実を図るべきだとしている。

その上で、技術革新の急速な変化を見据え、学習指導要領や解説の一部改訂など教育課程の不断の見直しを進めたり、特に高校の情報や工業、商業など教科書の一部訂正制度の積極的な活用を推進したりすることも求めた。

教師の在り方では、育成指標や研修計画でICT活用指導力を明確化するとともに、研修等を受講した場合に人事評価で考慮することを求めた。また、教職課程の改善だけでなく、産業界とも連携して教員養成を先導する「フラッグシップ大学」を創設することも提言した。

ICT環境整備としては、地方自治体ごとに整備状況等を「見える化」して格差が生じている要因・背景をきめ細やかに分析し、阻害要因への必要な対応を「可及的速やかに行う」としている。

●普通科に4類型を例示

二つ目のテーマ「新時代に対応した高等学校改革」では、文部科学省と厚生労働省が実施する「21世紀出生児縦断調査」で2001年に生まれた子

供が高校1年生になって、中学校時代より学校生活の満足度や学校外での勉強時間が低下していることを指摘。これからの高校では、Society5.0を生き抜くための力として、①文章や情報を正確に読み解き、対話する力、②科学的に思考・吟味し活用する力、③価値を見つけ生み出す感性と力、好奇心・探求力等——や能動的に学ぶ姿勢を共通に身に付けさせるとともに、世界をけん引する研究者や幅広い分野で新しい価値を提供できる人材となるための力を育むことが求められるとした。

中でも普通科に関して「一斉的・画一的な学びは生徒の学習意欲にも悪影響を及ぼす」と強調。国が示す類型の例として▽予測不可能な社会を生き抜くため自らのキャリアをデザインする力の育成を重視するもの▽グローバルに活躍するリーダーや国内外の課題の解決に向け対応できるリーダーとしての素養の育成を重視するもの▽サイエンスやテクノロジーの分野等において飛躍知を発見するイノベーター等としての素養の育成を重視するもの▽地域課題の解決等を通じて体験と実践を伴った探究的な学びを重視するもの——の四つを挙げ、選択・実施状況の把握に努めるとした。

また、Society5.0をたくましく生きるためには文系・理系のどちらにも偏ることなくバランスよく資質・能力を身に付けていくことが重要であり、大学入学者選抜等を過度に重視したコース開設は「望ましい在り方とは言い難い」と批判した。

教育内容面では、学習指導要領や解説の一部改訂の他、「多様な実態に応じた教育課程編成を可能とする観点から、標準的な授業時間の在り方を含む教育課程の在り方について、中央教育審議会の検討を踏まえ、見直す」としている。さらに、教科ごとにまとまりが強い高校でも全校的な教育課題に対応するよう「校内研修担当リーダー」を置くことも提案した。

変わる指導要録・通知表
新しい評価のポイントが「速」攻で「解」る！

2019年改訂

速解 新指導要録と「資質・能力」を育む評価

市川伸一 [編集]　東京大学大学院客員教授・中央教育審議会
教育課程部会児童生徒の学習評価に関するワーキンググループ主査

A5判・定価（本体1,800円＋税）送料300円
＊送料は2019年6月時点の料金です。

◆ 新しい**学習評価のねらい**は何か。「**主体的・対話的で深い学び**」をどう見取るか。
◆ 新たな3観点「**知識・技能**」「**思考・判断・表現**」、そして「**主体的に学習に取り組む態度**」をどう評価するか。
◆ **指導要録の様式改訂**でどのように記述は変わるのか。

若手が"みるみる"育つ！
教師のライフコース研究からひもとく 若手育成の秘策

若手教師を育てる マネジメント
―新たなライフコースを創る指導と支援―

大脇康弘 [編著]　A5判・定価（本体2,400円＋税）送料300円
＊送料は2019年6月時点の料金です。

ベテラン教師の大量退職、若手教師の採用急増、学校をめぐる様々な教育課題への対応…。
いまスクールリーダーに求められる、若手教師の育て方・生かし方がわかります！

 株式会社 **ぎょうせい**　フリーコール　TEL：0120-953-431 [平日9～17時]　FAX：0120-953-495

〒136-8575 東京都江東区新木場1-18-11　https://shop.gyosei.jp　ぎょうせいオンラインショップ

特集

これからの通知表の
あり方・作り方を考える

このほど公表された学習評価にかかる「報告」「通知」により、新しい指導要録・通知表の取扱いが示されました。育みたい資質・能力に即した３観点による教科の評価・評定はもとより、道徳・外国語活動等の記載など、学習や指導の改善につなぐ記録と活用が求められています。本特集では、これからの通知表の在り方・役割と表記のポイントについて、通知表の変遷や今日的意義についてのインタビューと記載項目別解説を通して考えていきます。

● インタビュー

新たな時代に即した評価活動を
──学習評価と通知表のこれまでとこれから

田中耕治［佛教大学教授］

● 論 考──theme

通知表に求められる役割
３観点をどのように評価していくか
「特別の教科　道徳」の評価
「外国語活動」の評価のあり方
「特別活動」の評価と表記
通知表の趣旨と機能を生かす　行動の記録・総合所見の評価と表記

インタビュー

田中耕治 氏
佛教大学教授

新たな時代に即した評価活動を
学習評価と通知表のこれまでとこれから

　新しい学習評価の枠組みでは、「知識・技能」「思考・判断・表現」「主体的に学習に取り組む態度」といった3観点が示され、それぞれに、適切な指導と評価の工夫が求められた。さらに、教師の働き方改革の観点からも、通知表の在り方が議論となっている。3観点に即した評価にどう取り組むべきか、また、通知表はどのように取り扱うべきか。ポートフォリオを日本に紹介するなど、教育評価の第一人者として、長く学習評価の研究に取り組む田中耕治教授に、評価と通知表の歴史をひも解きながら、これからの評価活動の在り方について語っていただいた。

特集 ● これからの通知表のあり方・作り方を考える ●

[第1部]
学習評価の変遷と評価方法の開発

evaluation から assessment へ

■学習評価の意義

——学習評価をどう捉えればよいでしょうか。

　学習評価というと、従来からテストを想起しやすいのですが、本来は、学習や指導の改善につなげることが目的です。子どもたちの成績を評定するだけでなく、教師が自分たちの指導を振り返り改善するために評価はあり、そのことは今回の指導要録の通知などにも示されています。

　アメリカの教育学者、タイラー（Tyler, R. W.）が、1930年代に、evaluationという言葉を用いて、子どもたちをネブミする測定という考えを批判し、教育の改善に資するものが評価であることを提唱しました。この考えは、今回の学習評価の報告からも読み取れます。

　評価方法には様々な方法があり、テストはその一つにすぎません。子どもたちにどのような力が付いたかを見取るためには、評価方法も変わってくるのです。

　例えば、思考力・判断力・表現力といった発展的な学力をみようとすると、従来型のテストでは難しいし、学びに向かう力の評価についても、情意面の評価は長いスパンが必要です。

　現在、アメリカなどの文献では、学習評価について、assessmentという言葉が数多く出てくるようになりました。evaluationの語源はvalueですから「価値付ける」ことですが、assessmentの語源はassistですから、教師が子どもたちに寄り添いながら一緒に学習を進めていくというイメージをもっています。つまり、学習評価の在り方についても、指導から支援（子どもの参加を促す指導）へのシフトが進んできているということです。

　このことと併せて考えると、学習評価は子どもを中心に、学習を通した成長のプロセスを見取るものであることが分かります。そのために、様々な評価方法を学習内容のレベルに応じて適切に選択し、資質・能力の育成に結び付けられるような評価としていかなければいけないのです。

真正な評価としてのポートフォリオとパフォーマンス評価

■学びを見取る評価手法

——ポートフォリオが登場した経緯は。

　1991（平成3）年に評価の観点として「関心・意欲・態度」が打ち出された当初、挙手・提出物・授業中の態度など、目に見えるもので判断するといった傾向がありました。中には、手を上げる回数だけではだめで、手を挙げたときに「はい！」と元気な声を出しているか、挙げた手を伸ばしているか、教師の目を見て挙げているかを見るべきであるという意見まで登場しました。しかし、本来「関心・意欲・態度」は授業中の態度をみるのではなく、学習内容に対して意欲的であるかをみ

学校教育・実践ライブラリ〈Vol.3〉　15

なければいけません。そこで、1999（平成11）年に、子どもの学習内容に対する取組を目に見えるような形で評価する方法としてポートフォリオが紹介され、広まっていくことになります。また、ポートフォリオは、子どもの学習意欲をみるだけでなく、学習がトータルな学びとなっているかを見取るものとして、生活科や総合的な学習を中心に広がっていきました。子どもが自分の作品などの履歴を通して、自己評価したり、学びの見通しをもてるような教師の支援を可能としました。その意味で、ポートフォリオは、これまでの測定的な学習評価や学習意欲に対しての誤った見取りに風穴を空けるものとなったわけです。

もちろん、一口にポートフォリオといっても様々な手法があります。作品などを蓄積していく方法が一般的ですが、ベストポートフォリオといって一番よくできた作品などを残すもの、堀哲夫先生が開発されたワンページポートフォリオという1枚で学びの履歴を残すものなどがあります。いずれにしても、子どもの学習の履歴を具体的に残すことで、ポートフォリオを使って教師が子どもと対話し、学びの見通しをつけていくといった、カンファレンス的な活用も可能となります。つまり、ポートフォリオは、アセスメントとしての評価につながる評価手法にもなっているのです。

──パフォーマンス評価はどのようなものですか。

パフォーマンス評価については、日本ではPISA調査によって注目されたと言えます。PISA調査は、学んだことがどれだけ身に付いたかというのではなく、それがどのように活用できるかを問うたテストであり、同じペーパーテストでも従来の

ものとはかなり違っていました。当時まで日本の教育は、例えば、国語でも、テキストを理解することが中心で指示代名詞が指すものとか、記述の意味するものを読み解いたりするものが多かったのですが、PISA調査では、物語の終末は本当にこれでよかったかなど、作品を批判的に見たりする力をみるものでした。つまり、身に付けた知識を活用できる力をみるものであったわけです。そこで、パフォーマンス評価が注目されました。

例えば、パフォーマンス評価では、「自分が恐竜博物館の学芸員になって、観に来た子どもたちに恐竜のことを教えられるパンフレットを作ってみよう」というパフォーマンス課題を与えます。そうすると、子どもたちは自分で調べたり、分かりやすく工夫しながらパンフレットを作っていきます。そこに、知識の活用と総合が生まれてきます。それを、どのレベルでできているかをルーブリックによって見取っていくのです。それが、パフォーマンス課題に基づいた評価（狭義のパフォーマンス評価）なのです。

──二つの評価手法の共通点は。

実は、ポートフォリオ評価とパフォーマンス評価は別々のものではありません。子どもたちが自分事として課題を意識し、実生活も含めたリアルな課題に取り組んでいくことを目指した評価手法として出てきたものがポートフォリオ評価とパフォーマンス評価であり、これらは真正な評価（authentic assessment）と言われます。

この評価の考え方は、アメリカの教育界から出てきたもの。1980（昭和55）年頃に経済的に日本に押されていたアメリカが日本に習い、標準テス

特集 ● これからの通知表のあり方・作り方を考える ●

トを導入して学力の平準化を目指しました。しかし、これが実生活に活かされない、社会に出ても役に立たないという批判が起こります。

それは、テスト自体にも問題がありました。

例えば、ある人が1日4kgの肉を8日間食べたら、その人は全部で何kgの肉を食べることになるかという問題がありました。しかし、1日4kgの肉を食べ続けるのは健康に良くないので問題として成立しないわけです。そこで架空の課題や実生活に生かされないものでなく、生きて働く学力を身に付けさせ、それを適正に評価すること、つまりauthenticな学びと評価が求められ、それがPISA調査などに影響して、世界的な潮流となっていったのです。

ポートフォリオ評価もパフォーマンス評価もその流れの中で、authenticな学びを見取る評価手法として注目されてきたわけです。

[第2部]
通知表の歴史とこれからの在り方

通知表は学校と家庭の連絡ツールだった

■通知表の起源

——通知表はいつから登場したのですか。

通知表の起源は1891（明治24）年の「小学校教則大綱ノ件説明」にみることができます。そこでは、家庭と学校とがお互いに往復するような文書をつくることを示唆しています。これが通知表の出発点となります。つまり、通知表はもともと、今でいう学級通信や家庭訪問のように、学校と家庭が連絡を取り合う手段であったわけです。ですから、当時の通知表をみると通信欄があって、家から学校に対して、子供の様子を伝えたり相談事などを記しています。これが明治時代に全国の学校で作られるようになります。

この頃には、通知表の中に、「操行」欄というのがあり、生活態度などを記していました。これが最上段にあり、次に「修身」、そして教科の評価と続きます。当時は、操行・修身と教科の成績は相関しているという考えが強く、生活態度などに問題があるとみられれば教科の成績もよい評定をもらえないという傾向にありました。

ただ、この当時の通知表には通信欄に多くのスペースが割かれており、学校と家庭のコミュニケーションツールの役割を果たしていたこともうかがえます。1891（明治24）年は大日本帝国憲法が発布（1889（明治22）年）された頃であり、修身を重視した教育を家庭と連携しながら進めていく意図がうかがわれます。

時代を映す通知表

■戦中から高度成長期へ

1941（昭和16）年になると、国民学校となり、本格的に戦争に突入していきます。このころから、通知表は「通信簿」という名称とすることが義務付けられます。学籍簿に準拠することとされ、通

学校教育・実践ライブラリ〈Vol.3〉　17

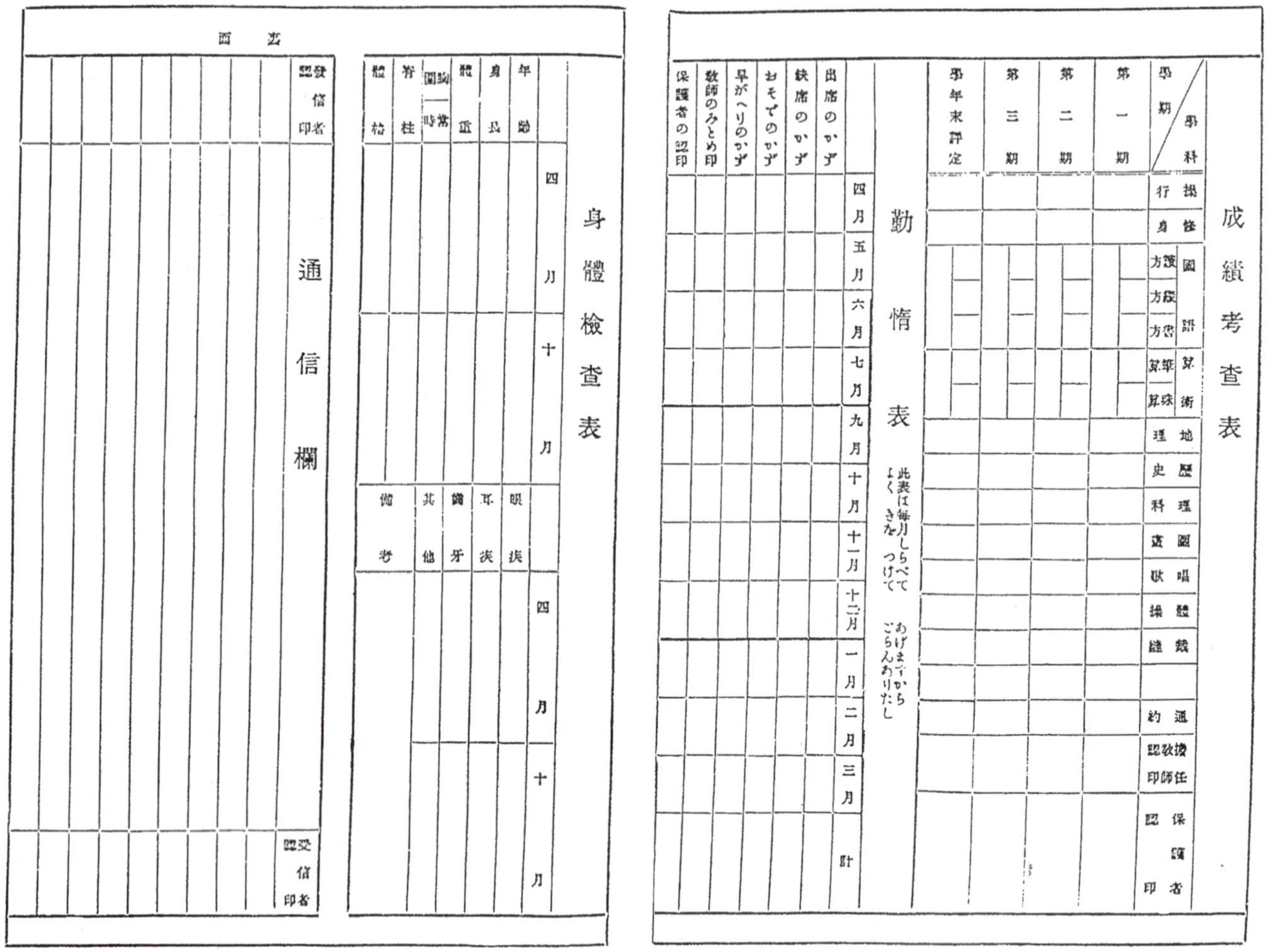

図1　学校家庭通信箋（栃木小学校）

信欄もなくなります。国が主導するという考えから、評価を家庭に"通告"するといったスタイルや取扱いとなっていきました。

　戦後になると、学籍簿は指導要録へと変わります。それまでの学籍簿は、子どもの出身地や、在籍期間、保護者の職業などが詳しく記載されており、学校における子どもの戸籍簿のようなものでした。戦後になると、指導のために使う原簿として1949（昭和24）年に「指導要録」と名称も変わります。前年の1948（昭和23）年11月の文部省

特集 ● これからの通知表のあり方・作り方を考える ●

裏

事項 ＼ 学年	初等科 第一学年	初等科 第二学年	第三学年	第四学年	第五学年	第六学年	高等科 第一学年	高等科 第二学年
性行概評								
身体ノ状況及其ノ所見								
出席数								
欠席日数（病気・故事）								
忌引日数								
出席及欠席ニ対スル概評								
家庭・環境 ／ 志望及其ノ所見								
初等科 第六学年								
高等科 第一学年								

表

教科及科目 ＼ 学年	初等科 第一学年	〜	第六学年
国民科　修身			
国語			
国史			
地理			
理数科　算数			
理科			
体操科　体操			
武道			
芸能科　音楽			
習字			
図画			
工作			
家事科　裁縫			
家事			
実業科			
加設科目			
教科概評			
担任者職員氏名			

氏名　年月日生

本籍

住所

入学後ノ異動及事由：入学 年月日／入学前ノ経歴／修了 年月日了／初等科 年月日／高等科 年月日

保護者：氏名／住所／職業／児童トノ関係

図2　1941（昭和16）年の学籍簿

通知には、「個々の児童について全体的に継続的にその発達の経過を記録し、その指導上必要な原簿となるもの」と書かれています。今でいう形成的評価につながる内容となっているのです。1948（昭和23）年は、昭和22年版「学習指導要領（試案）」が出された翌年に当たり、子ども中心の教育の考えが打ち出された試案の考えが反映されていたと思われます。

1955（昭和30）年になると、指導要録の性格が変わってきます。同年9月の文部省教育局長通知では「指導及び外部に対する証明等のために役立つ簡明な原簿でなければならない」と書かれています。この時代、日本は戦後復興を遂げて、高度成長期に入り、徐々に学歴社会に向かっていきます。進学する子どもも増え、指導要録は受験のための調査書としても使われるようになります。つまり、指導のための原簿に加え、証明のための原簿という役割をもつ転換点となったのが1955年と言えます。そして、そのときに、どのような原簿が良いのかが検討されて、5段階相対評価を採用することになりました。それまでは各教科に細かい所見があったのですが、総合評定となり、5段階評価が記されるだけの指導要録・通知表となっていきます。この相対評価は2001（平成13）年の指導要録改訂まで半世紀続くことになりました。

相対評価については、教師にとっても簡便で容易であったこともあって、学校現場からはほとんど反対が起こりませんでした。

相対評価に揺れた学校現場

■評価の在り方をめぐって

1969（昭和44）年2月に、いわゆる「通知表事件」が起きます。鹿児島県の小学生の父親が、子どもの算数の評定が3だったことから、必死に勉強させたところ、みるみるテストの点数がよくなっていきました。そこで通知表を楽しみに待っていたところ、やはり3だったのです。そこで、父親が学校に行き、説明を求めたところ、評定は相対評価であること、学級の全員がテストの点数が上がったので評定は変わらないと伝えられ、納得のいかない父親がテレビのワイドショーに投稿したのです。番組では文部省の当時の事務次官が対応し、取材に応えました。そこで、通知表は法定表簿ではないので作成する義務もなく、省としても通知表の取扱いについて学校現場に指示したことはいまだかつてないこと、ただし、法定表簿としては指導要録があるがそれは非公開のものであると答えたのです。つまり、通知表の様式をどうす

特集 ● これからの通知表のあり方・作り方を考える ●

るかは学校の判断であり、指導要録のように取り扱うべきではないとしたわけです。これは学校現場に衝撃を与えました。通知表と指導要録の性格は違うものだと受け止められるようになりました。そこで、1971（昭和46）年頃から、全国の小学校で通知表改革が進められ、「ひろば」とか「あゆみ」といった名称に変わっていきました。

ただ、中学校については、進学のための資料（内申書）となることから大きな影響はありませんでした。

その後、1980（昭和55）年に観点別評価が導入され、現在に至っているのです。

このようにみていくと、通知表も、時代の潮流や出来事によってその姿や役割を変えてきたことが分かります。学校・教師は、時代を見据え、通知表の在り方について、吟味し検討していくことが求められてくると思います。

通知表は、家庭・地域と学校をつなぐ学校づくりのツールに

■これからの通知表に求められるもの

——これからの通知表の在り方について

これからは、資質・能力の三つの柱と「社会に開かれた教育課程」を実現していくことで、不透明な次代を生きる力を子どもたちに育てていかなければなりません。

それを踏まえて、これからの通知表に求められることを4点指摘したいと思います。

一つ目は、教育は子どもを中心に、学校と家庭・地域が協力していくことが必要であり、通知表は

そのためのツールと考えるべきです。そのためには子どもにも分かりやすいものにして、通知表を前に、子ども・教師・保護者が語り合えるものであってほしい。通知表はそんなフォーラムを提供するものであってほしいと思います。

二つ目は、多様な保護者・地域がある中で、目指す学力像・子供像を擦り合わせていくために通知表を活用してほしいと思います。つまり、通知表づくりを家庭・地域を巻き込んだ学校づくりにつなげられるものにしてほしいということです。

三つ目は、子どもにどのような力が付いたのかが分かるように、あらかじめ学習する内容や目標を提示したりしながら、子どもの学習の履歴や成長が分かるように工夫してほしいと思います。

そして四つ目には、保護者には、成績だけでなく特別活動や総合的な学習の時間などを含めて、子どもの学習活動や学校生活をトータルに見てほしいということです。

学校づくり、授業づくり、そして子どもの学校生活をよりよくするために、通知表の役割はどうあるべきか、ぜひ各学校で検討していただきたいと思っています。

（取材／編集部　萩原和夫）

Profile

たなか・こうじ　1980年京都大学大学院教育学研究科博士後期課程満期退学。大阪経済大学講師、助教授、兵庫教育大学助教授を経て京都大学大学院教授、2018年より現職。専門は教育方法学、教育評価論。編著書に『教育評価』（岩波書店）、『教育評価の未来を拓く』『よくわかる教育評価』『戦後日本教育方法論史（上下巻）』（ミネルヴァ書房）など多数。

学校教育・実践ライブラリ〈Vol.3〉　21

theme 1

通知表に求められる役割

神田外語大学客員教授
嶋﨑政男

通知表とは

　通知表とは、幼児・児童・生徒（以下、児童等と表記）の学習成績や日常生活の記録をまとめ、児童等及びその保護者に通知する書類のことで、指導要録のように作成・保存が義務付けられた法定表簿と違い、学校が任意に作成するものである。

　したがって、通知表を作成せず、学期末に実施される保護者・児童等との三者面談に代えている学校もあれば、学習状況等を連絡簿のような形で学期に複数回作成している学校もある。しかし、通知表には、単なる情報伝達機能だけでなく、児童等の成長記録機能や家庭の理解・協力を求めたり、家庭の要望を受け止める学校・家庭の連携機能もあり、多くの学校では学期末に作成し、終業式の日に児童等に直接手渡している。

　通知表の作成は、教師にとってPDCAサイクルのC「評価」の段階を体験する貴重な機会となり、一人一人の子供の様子を振り返ることは、教科指導・学級経営・児童生徒理解や指導等の力量向上につながる絶好の機会となる。

　児童等・保護者にとっても、通知表は成績等の伝達用紙の役割をはるかに超えた重要な意義をもつ。

かつては、子供が持ち帰る通知表を仏壇に供え、家族そろって中身を確認し一喜一憂したりすることが、「風物詩」のように行われていたとの話をしばしば耳にした。

通知表の意義

　「子も親も宝と守る通知表」とも言われる。通知表は児童等の「成長の証」であり、生涯大切に保管される例が多い。教師にとっては「35分の1」であっても、各家庭においては「1分の1」の宝物だ。通知表作成に当たっては忘れてならない箴言である。

　平成31年3月に発出された文部科学省通知「小学校、中学校、高等学校及び特別支援学校等における児童生徒の学習評価及び指導要録の改善等について」では、総合所見欄を箇条書きとし、記載事項を必要最小限に限定する等、教師の負担軽減を目指す改善策が示された。働き方改革を受けての提言と思われるが、「通知表の意義」は忘れてはならない。

　なお、指導要録作成に当たっては、情報通信技術の活用が可能となっている（文部科学省通知「表簿・指導要録等の電子化に係る基本的な考え方等について」平成24年3月）が、これを「事務処理の簡便

[特集] これからの通知表のあり方・作り方を考える
■ theme 1 ■

化」の流れの中で通知表に援用すると、通知表の意義を大きく逸脱してしまう。コピー機能を駆使した、金太郎飴のような所見に、「宝物」の価値は急減することを心しておきたい。

通知表作成の留意点

（1）育成すべき資質・能力の評価

新学習指導要領では、児童等に育成すべき資質・能力を、①生きて働く「知識・技能」の習得、②未知の状況にも対応できる「思考力・判断力・表現力等」の育成、③学びを人生や社会に生かそうとする「学びに向かう力・人間性等」の涵養、の三つの柱でまとめた。

この三つの柱に基づいて、各教科の目標・内容が整理されているので、評価においても、これを踏まえた様式を整える必要がある。

加えて、グローバル化への対応等の現代的な諸課題に対応するために求められる資質・能力を明確にして、個々の児童等の特徴的な資質・能力を適正に評価することが求められる。

（2）所見欄の文章を工夫する

所見欄の記述は、成績の評価・評定よりも重要な役割を果たすことがある。教師と児童等・保護者との人間関係を強固にすることもあれば、両者の信頼関係を崩壊させる場合もある。次の点には十分留意したい。

①分かりやすい記述に努める

美辞麗句や専門用語を多用することは、教師としての能力の誇示にならないばかりか、「一人よがり」の人間性を暴露するようなものである。分かりやすい表記・表現が求められる。

②「良い点」を積極的に評価する

「やる気の木 枝もたわわに ほめ言葉」。遠い昔、先輩に学んだ言葉である。「無理なほめ方逆効果」と言われることもあるが、「マイナス面よりプラス面に目を向けよ」は正論である。所見欄には、児童等が「やる気」を高揚させる一言が欲しい。

③「とっておきの言葉」を見つける

「一人一人に違った言葉をかけてやりたい」。多くの教師はそう念じながらも、いざ通知表を前に悩むことが多い。この悩みを解消させるのが、日ごろのメモである。気付いたことを記録しておくことで、詳細な観察記録が完成する。

④具体的で達成可能な助言を添える

未達成や遅れの見える事項については、具体的かつ実行可能な手法を助言するが、「未達成や遅れ」を強調せず、未来志向の小ステップを示すことが大切である。

⑤人権擁護・個人情報保護に留意する

人権を侵害するような記述や差別・偏見につながるような表現は厳禁である。また、他の児童等と比較するような内容は、個人情報を漏洩することがあるので、十分気を付けなければならない。

⑥誤字・脱字や用語の誤用をしない

誤字が多い、文字が乱雑である、用紙が汚れている等の通知表が、学校と家庭の「架け橋」となれるだろうか。「宝と守る通知表」の意義を常に念頭に置くことが大切である。

Profile

しまざき・まさお 神田外語大学客員教授。公立中学校教諭・教頭・校長、東京都立教育研究所指導主事、福生市教育委員会指導室長・参事を経て神田外語大学教授。日本学校教育相談学会名誉会長、千葉県青少年問題協議会委員、千葉県いじめ調査委員会副委員長、９県市でいじめ対策委員長等を務める。主な著書に『学校崩壊と理不尽クレーム』集英社、『脱いじめへの処方箋』ぎょうせい、『いじめの解明』第一法規、『ほめる・しかる55の原則』教育開発研究所等。

theme 2

3観点をどのように評価していくか

佛教大学教授
田中耕治

3観点を見取るポイント

今回の新指導要録においては、観点別評価として、「知識・技能」「思考・判断・表現」「主体的に学習に取り組む態度」の三つの観点に整理されました。これまで、資質・能力の三つの柱については学力論として様々な議論がありましたが、この評価の3観点については、バランスよくまとめられていると思います。

ただ、これらが確かに身に付いているかについては、評価を丁寧に扱っていく必要があります。

(1) 知識・技能

「知識・技能」については、従来の「知識・理解」「技能」とどう違うかが問われると思いますが、今回の新しい学習評価においては、身に付けた知識・技能が思考力・判断力・表現力に転化できるのかということがポイントになります。理解に関わる部分についても、覚えて身に付けさせるだけの学力であってはいけないということです。例えば、平行四辺形は、底辺×高さで求められるといった手続き的な理解だけをさせるのではなく、なぜそのように求められるのかといった宣言的な理解を求めて思考力・判断力・表現力につながるものでなければなりません。

(2) 思考・判断・表現

学習評価に必要な要件として妥当性と信頼性があるといわれます。しかし、この両者はアンビバレントな関係であるとも考えられています。

信頼性は、誰がいつどこで評価しても同じ結果が出ることなので、客観テストが適しています。答えが決まっていて、誰が採点しても同じ結果が出るというものです。しかし、これは限られた学力しか測れません。マークシートで測れるものは学力の一部でしかないのです。

一方、妥当性は、評価対象をどれほどよくはかれているのかを示すものであって、記述式のテストやレポートが適しています。妥当性のみを追求していくと、教師の判断によって違いが出てくるので、信頼性が低下すると考えられてきました。

しかし、思考力・判断力・表現力は、客観テストで全て測れるものではないため、妥当性のある評価方法が必要になってきました。

教師も、客観テストだけでは不十分だと分かっていても、子どもの発表や、作品、レポートなどからみていこうとすると信頼性が落ちてくる。そこにつねに隘路があったわけです。

そこで、思考力・判断力・表現力をみていくため

[特集] これからの通知表のあり方・作り方を考える
■ theme 2 ■

に、信頼性と妥当性が得られる評価の工夫をしていかなければなりません。

その一つがルーブリックになるでしょう。ルーブリックは、子どもがある課題に取り組んだときに、どの程度までできているかをみるための指標です。おおむね４段階の評価指標が設定されますが、これは評定ではありません。子どもにルーブリックを見せて、どのレベルにあるかを知らせ、自己評価もさせます。そこで、３を４に上げるためにはどうするかという見通しを子どもがもち、さらに課題を追究していくという、アセスメントの機能をもつものです。

さらに、ルーブリックが信頼性をもつために、教師が協働でルーブリックづくりをすることも大切です。お互いの評価を持ち寄り、ずれを確認したり共通点を見いだしたりしながら、協働で評価の指標をつくっていくことで、妥当性と信頼性が確保できます。これは、教師の評価リテラシーを鍛えていく場にもなります。通知表の表記についても、教師たちが同じ観点から評価を記録することができるようになっていきます。このことによって、最終的には学校の評価に対する信頼度が高まっていくのです。

このように、思考力・判断力・表現力をみていくためには、信頼性と妥当性を兼ね備えた評価の工夫が求められるのです。

（3）主体的に学習に取り組む態度

例えば、従来の「関心・意欲・態度」については、それが導入された当初、挙手、提出物、授業中の態度など、目に見えるもので判断するといった傾向がありました。しかし、関心・意欲・態度というのは、授業に対する態度ではなく、学習内容に対してどれだけ子どもたちが意欲的に取り組んだかを見取るものです。このように、評価の枠組みが変わるたびに、その意義や目的を読み誤ってしまうことが起きがちです。このことには十分注意したいものです。

「主体的に学習に取り組む態度」では、粘り強さと学習の自己調整が評価の視点として示されましたが、これらについても、単に学習態度としてみるのではなく、学習内容に向かう姿としてみていくべきです。したがって、実際の評価に当たってもそのことに十分留意していく必要があります。

よい授業に見合う評価の工夫を

日本の教師は、授業研究では世界のトップクラスと言われ、注目されていますが、学習評価になると、必ずしもそうとは言い切れない面があります。

例えば、社会科で鎌倉時代と平安時代とではどう違うかといった課題に対して、子どもたちが資料を読んだり、発表したり、討論したりといった探究的な質の高い授業をしていながら、テストになると鎌倉幕府は何年にできたかといった暗記問題のみが出されることがあります。これでは素晴らしい授業に見合う評価ではありません。これからは、見取りたい力に応じた評価方法を工夫することが教師には求められてきます。どの活動でどの場面で、どのような評価方法を用いて、身に付いた力を見取っていくかという指導と評価の工夫が求められているのです。

例えば、テストをするにしても、授業が終わってから問題を考えるのではなく、どのような評価手法を用いて、どのような評価問題をつくればよいかを予め考えておき、その評価方法の中で力が発揮できるような授業を構想するといった「逆向き設計」で授業をつくっていくということも考えられてよいでしょう。

通知表をはじめ、アウトプットとしての評価は、学習の内容や場面の中で様々な評価方法を取り入れていくことでより良いものになっていくのです。

(談)

theme 3

「特別の教科 道徳」の評価

上越教育大学教授
林　泰成

他教科・他領域の評価と道徳科の評価

　新しい学習指導要領に基づく評価の在り方については、平成31年1月21日に中央教育審議会初等中等教育分科会教育課程部会より「児童生徒の学習評価の在り方について（報告）」がまとめられた。また、それを受けて、文部科学省より、同年3月29日付で「小学校、中学校、高等学校及び特別支援学校等における児童生徒の学習評価及び指導要録の改善等について（通知）」が発せられた。それらに描かれているのは、指導と評価を一体化したカリキュラム・マネジメントや、「知識及び技能」「思考力、判断力、表現力等」「学びに向かう力、人間性等」の資質・能力の三つの柱で観点別評価を行うこと、その観点別評価を総括的に捉える「評定」などである。

　しかし、「観点別学習状況の評価や評定には示しきれない児童生徒一人一人のよい点や可能性、進歩の状況については、『個人内評価』として実施する」とも記されており、特に道徳については、平成28年7月29日付の「学習指導要領の一部改正に伴う小学校、中学校及び特別支援学校小学部・中学部における児童生徒の学習評価及び指導要録の改善等について」の通知が生きており、観点別評価ではなく「個人内評価」が中心になる。

　観点別評価は行わないとはいえ、小学校及び中学校の『学習指導要領解説　特別の教科　道徳編』では、「視点」という言葉が使用されている。例えば、「道徳的価値を実現することの難しさを自分のこととして捉え、考えようとしているかという視点」や、「多面的・多角的な見方へと発展していたり、道徳的価値の理解が深まったりしていることを見取るという視点」などの表現である。資質・能力の三つの柱とはまた別種の「視点」が、道徳科の目標などに照らして示されているのである。

道徳科の評価の具体例

　平成28年7月22日に道徳教育に係る評価等の在り方に関する専門家会議より出された「『特別の教科　道徳』の指導方法・評価等について（報告）」も合わせて道徳科の評価を捉えると、励ます個人内評価、大くくりなまとまりでの評価、記述式の評価、多面的・多角的な見方へと発展しているかどうかの評価、道徳的価値の理解を自分との関わりで深めているかどうかの評価、ということになる。また、特に顕著と認められる具体的な状況を記述することも勧められている。

[特集] これからの通知表のあり方・作り方を考える
■ theme 3 ■

以上のような視点で、具体的な文案を考えるとどのようになるのだろうか。文科省は具体例を示してはいない。しかし、文例集が、研究者や実践家らによって出版されている。典型的なのは、大くくりなまとまりでの評価と、具体例を挙げることを合わせた形のものである。例えば、「自分の考え方・感じ方にこだわるのではなく、友だちからの意見を聞いてさまざまな考え方に理解を示すことができていました。とくに『ロレンゾの友だち』の学習では、友だちの意見を熱心に聞いた後で、自分の考えを熱く語る姿が見られました」というようなものである。大くくりなまとまりでの評価は、一人一人の子供を全人的に見取るという点で意味がある。しかし、それだけでは、保護者にとって、学校での子供の具体的な姿が見えにくい。通知表にわずかでも具体例を記すことで、保護者は、具体的なイメージをもつことができるだろう。

こうした評価が求められることで、授業の流れも大きく変わる。それは、教師が子供たちを評価しようとするときに、評価のための素材が必要になるからである。ワークシートや作文・感想文、あるいは、子供自身による自己評価などを書かせる必要がある。

しかも、多様な視点で見取る必要があるため、教材を用いて行った部分のまとめや道徳的価値の理解についてのコメント、自己との関わりの記述など、いくつかの視点を織り交ぜて、子供たちに書かせる必要がある。そうすると、1時間の授業の中で書かせる作業は、これまで以上に増えるであろう。

目標と内容と方法と評価の連動

以上のように、評価の基本的な考え方や方向性が示されている。では、これでスムーズに評価の作業は進められるであろうか。この問題は、例えば、教師の働き方改革など多様な視点から論じられると思

うが、ここでは、目標と内容と方法と評価の連動という視点から問いを投げかけておきたい。

例えば、学習指導要領に示された道徳科の目標は、端的に言えば、「道徳性を養う」ことであるが、道徳性が身に付いたかどうかはこのやり方で評価できるのだろうか。また、子供にフィードバックすることを意図して、子供の学びの姿を中心に見取るばかりでは、道徳科の授業そのものの評価がおろそかになるということはないか。授業評価は、より良い授業へと改善するために必要なものなのである。

今回、教科化で多様な授業方法が認められ、多面的・多角的な考え方で捉えているかどうかを評価することになった点は、民主主義的な観点からみて大いに意味があると思う。しかし、この目標を達成するために、この内容の教材を用い、この授業方法で行い、そしてそれがうまく機能しているかどうかを評価する、という一連のつながりについては、まだ検討の余地があるのではないかとも思う。

例えば、読み物教材を用いて話し合いをさせる場合と、役割演技のような体験的な学習によって指導した場合とで、同じ教材を用いても子供たちの道徳的価値についての理解の質が変わる可能性がある。こうした点まで含めて評価の在り方が考えられているのだろうか。「指導と評価の一体化」は、冒頭に掲げた報告書にも記載されている用語であるが、指導方法と評価だけでなく、目標や内容との関連も含めて一体化させることを考えなければならないのではないだろうか。評価の問題は、評価だけの問題ではないという点を意識しておくことが重要だと思う。

Profile

はやし・やすなり　1959年福井県生まれ。上越教育大学助教授、附属小学校長、副学長などを経て、現職。現在、学内において、学校教育学系長、国際交流推進センター長、上廣道徳教育アカデミー統括監督者等を兼務している。日本道徳教育方法学会副会長。主著『道徳教育の方法：理論と実践』（左右社）。

学校教育・実践ライブラリ〈Vol.3〉　27

theme 4

「外国語活動」の評価のあり方

和歌山県和歌山市立安原小学校教頭
瀧本知香

　今回の学習指導要領改訂では、「聞くこと」「話すこと」を通して、コミュニケーションを図る素地となる資質・能力の育成を目指し、小学校中学年から「外国語活動」が導入される。児童の学びの過程を質的に高めるために、1時間の授業にとらわれず、単元や題材を一つのまとまりとして授業設計を行う長期的な視点と、児童にどんな力を付けさせたいかを意識した計画的な評価が求められている。

単元計画と評価計画

　3年生の外国語活動教材『Let's Try! 1』の「Unit 8 What's this?」を例に挙げる。

〈単元目標〉
- 外来語とそれが由来する英語の違いに気付き、身の回りの物の言い方や、ある物が何かを尋ねたり答えたりする表現に慣れ親しむ。（知識・技能）
- クイズを出したり答えたりし合う。（思考・判断・表現）
- 相手に伝わるように工夫しながら、クイズを出したり答えたりしようとする。（主体的に学習に取り組む態度）

〈単元計画〉

時	目標と主な活動 ①	評価 知	思	態	評価規準（評価方法）
1	○外来語とそれが由来する英語との違いに気付き、音声やリズムに慣れ親しむ。 ・Let's Watch and Think 1 ・シャッフルゲーム ・ステレオゲーム	○			外来語とそれが由来する英語との違いに気付いている。 （行動観察② ・振り返りカード③）
2	○身の回りの物の言い方や尋ね方、答え方を知る。 ・Let's Play ・Let's Chant ・ブラックボックスクイズ			○	身の回りの物や、クイズで使う表現について、聞こうとしたり言おうとしたりしている。 （行動観察・振り返りカード）
3	○クイズでの尋ね方や答え方に慣れ親しみ、進んでクイズに答えようとする。 ・Let's Chant ・ジェスチャークイズ ・スリーヒントクイズ	○			クイズを通して、ある物が何かを尋ねたり答えたりしようとしている。 （行動観察・ワークシート④・振り返りカード）
4	○身の回りの物の言い方や、ある物が何かを尋ねたり答えたりする表現を使って積極的にクイズを作ろうとする。 ・漢字クイズ ・足あとクイズ ・クイズづくり		○	○	相手に伝わるように工夫しながらクイズを作ろうとしている。 （行動観察・作品・振り返りカード）⑤
5	○Clear Voice や Eye Contactを意識してクイズを出したりクイズに答えたりする。 ・Let's Chant ・クイズ大会⑦			○	積極的にクイズを出したり友達が出すクイズに答えたりしようとしている。 （行動観察・発表・振り返りカード）⑥

　評価計画は単元の授業展開と同時に考え、毎時間の授業で全ての観点を見取るのではなく、単元や題

[特集] これからの通知表のあり方・作り方を考える
■ theme 4 ■

材をひとまとまりで捉えて学習内容と評価の場面を①のように設定する。

　②「行動観察」は、評価規準を基に児童の行動を見取るための評価方法である。外来語とそれが由来する英語との違いへの気付きは、児童の発言やつぶやきとして表出される。発言やつぶやきをする児童は見取ることができるが、そうでない児童は見取ることが困難である。そこで、③「振り返りカード」を活用し、行動観察だけでは見取れなかった児童の様子を捉える。活動が楽しかったかどうかではなく、できたこと、分かったこと、気付き等はもとより、できなかったことや分からなかったことを、文章で記述させることが望ましい。そうすることで、児童自身が自分の学習を言語化して省察することにつながるとともに、教師の授業改善が促されることにもなる。また、「振り返り」には、児童の頑張りやできたことを価値付けるため、教師のコメントを返してフィードバックを行うことで、児童は学習を深められる上に、児童と教師の対話的な関わり合いが生まれ、学級経営に活かすことができる。

　④「ワークシート」は、個々の児童がコミュニケーション活動の様子を評価することができる。

　⑤「作品」は、クイズづくりの成果物である。授業のねらいに沿っているものかどうか（ここでは"What's this?"“It's〜.”を使ったやり取りが可能か）を評価する。

　⑥「発表」には、人前で実物や絵、写真等を見せながら話すShow and Tellの活動を位置付けている。本単元では⑦の「クイズ大会」であり、これがパフォーマンス活動に当たる。

パフォーマンス評価と通知表の表記

　パフォーマンス評価とは「パフォーマンス課題」

によって学力を可視化する評価法で、ポスターづくりやスピーチ原稿等の英文レポート（作品の評価）、Show and Tellや英語劇、インタビュー活動（実技の評価）等がある。パフォーマンス課題を実践する言語活動は、通常、各単元の終末に位置付ける。そこからバックワードデザインで学習計画を立て、知識やスキルを習得し、活用できるようにする。

　外国語活動の評価は、授業の具体的な活動内容が想起でき、かつ、児童にどんな力が身に付いたのかわかるような文章表記が望ましい。本単元のパフォーマンス活動は次のように評価することができる。

〈知識・技能〉

　クイズの活動を通して、身の回りの物に関する英語表現に興味をもち、What's this? / It〜.を使って尋ねたり答えたりしていました。

〈思考・判断・表現〉

　クイズ大会ではスリーヒントクイズづくりを選び、相手に伝わるように、物の特徴を色や大きさで表すなど、工夫して伝えようとしていました。

〈主体的に学習に取り組む態度〉

　クイズ大会では動物のシルエットクイズを出したり、友達が考えたクイズに答えたりして、積極的にコミュニケーションを図ろうとしていました。

　児童にとって魅力ある外国語活動授業にするために、思わず「言ってみたい」「聞いてみたい」と身を乗り出すような言語活動を設定することが重要である。実践的な活動の成果として、児童の成長する姿を評価し、フィードバックを行うことで、コミュニケーション能力の素地や基礎が育成されると考えている。

Profile

和歌山市立安原小学校教頭。昨年度は英語専科指導教員として、近隣の三つの小学校で3年生から6年生までの外国語活動授業を担当。現在も和歌山市立教育研究所研究所員として、小学校外国語活動の研究を行っている。

theme 5

「特別活動」の評価と表記

東京学芸大学准教授
林　尚示

「特別活動」の評価の背景

　近年、将来の教育の方向性についての世界規模での検討が進んでいる。例えば、OECDは「ラーニングコンパス2030」を提唱している。これは、小中学校等の学習者が自己の能力を発揮し、自分たちの地域社会と地球の幸福に貢献するために必要な知識、スキル、態度および価値を定義している（OECD 2019）。

　この「ラーニングコンパス2030」をよく見ると、日本の特別活動で重視してきたことも複数含まれている。例えば、特別活動では話合いによって新たな価値（new value）を創造することも多い。緊張（tensions）や葛藤（dilemmas）を調整する場面も多々ある。責任（responsibility）をもって行動することを求めることも多い。そして特別活動でもウェルビーイングに向かう行動を重視する点で、児童生徒のエージェンシー（student agency）が発揮できるように指導が進められる。しかし、それらの成果について正確に記録することはたやすくない。

「特別活動」の記録のよりどころとしての指導要録

　文部科学省は、新学習指導要領の下での学習評価の基本的な考え方や具体的な改善の方向性をまとめている。そして、「特別活動」など学習指導の記録のためのよりどころとして「小学校児童指導要録（参考様式）」（文部科学省 2019a）などを公表している。字や記号で書き表すことを表記というが、特別活動は、観点については、その学年で共通の内容が

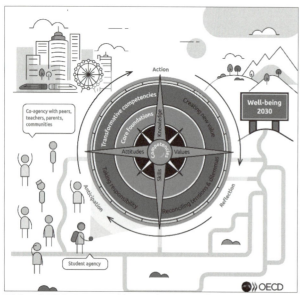

図1　OECDラーニングコンパス2030（OECD 2019）

[特集] これからの通知表のあり方・作り方を考える
■ theme 5 ■

表1 「小学校児童指導要録（参考様式）」の抜粋

特別活動の記録								
内　容	観　点	学年	1	2	3	4	5	6
学級活動								
児童会活動								
クラブ活動								
学校行事								

表記される。まず、各学校が自ら定めた特別活動全体に係る評価の観点を記入する。その上で、各活動・学校行事ごとに、評価の観点に照らして十分満足できる活動の状況にあると判断される場合に、○印を記入することになっている。

「特別活動」の表記文例

学校が自ら定めた特別活動全体に係る評価の観点

表2　特別活動の記録─評価の観点及びその趣旨
〈小学校 特別活動の記録〉

観点	知識・技能	思考・判断・表現	主体的に学習に取り組む態度
趣旨	多様な他者と協働する様々な集団活動の意義や、活動を行う上で必要となることについて理解している。 自己の生活の充実・向上や自分らしい生き方の実現に必要となることについて理解している。 よりよい生活を築くための話合い活動の進め方、合意形成の図り方などの技能を身に付けている。	所属する様々な集団や自己の生活の充実・向上のため、問題を発見し、解決方法について考え、話し合い、合意形成を図ったり、意思決定をしたりして実践している。	生活や社会、人間関係をよりよく築くために、自主的に自己の役割や責任を果たし、多様な他者と協働して実践しようとしている。 主体的に自己の生き方についての考えを深め、自己実現を図ろうとしている。

については、そのよりどころを提供するために、文部科学省が**表2**のように特別活動の記録の観点と趣旨を示している（文部科学省 2019b）。ここでは小学校の例を示すが、中学校や高等学校も同様の形式である。「知識・技能」「思考・判断・表現」「主体的に学習に取り組む態度」という3観点から総合的に評価しようとしている点が特徴である。「特別活動」の表記文例を筆者が考えるならば、「集団活動の意義などを理解している」「合意形成や意思決定ができる」「自己実現を図ろうとしている」などがある。

[参考文献]
- OECD (2019). OECD Learning Compass 2030. Future of Education and Skills 2030. http://www.oecd.org/education/2030-project/(May 27, 2019)
- 文部科学省 (2019a).「小学校児童指導要録（参考様式）」http://www.mext.go.jp/component/b_menu/nc/__icsFiles/afieldfile/2019/04/09/1415206_1_1.pdf（May 28, 2019）
- 文部科学省 (2019b).「各教科等・各学年等の評価の観点等及びその趣旨（小学校及び特別支援学校小学部並びに中学校及び特別支援学校中学部）」http://www.mext.go.jp/component/b_menu/nc/__icsFiles/afieldfile/2019/04/09/1415196_4_1_2.pdf（May 28, 2019）

Profile

はやし・まさみ　東京学芸大学准教授、大学院修士課程・博士課程兼任、文部科学省「学校教育における人権教育調査研究協力者会議」委員、文部科学省「人権教育研究推進事業審査委員会」委員、「東京都教育委員会いじめ問題対策委員会」委員、他。

theme 6

通知表の趣旨と機能を生かす
行動の記録・総合所見の評価と表記

江東区立明治小学校統括校長
喜名朝博

指導要録との連動

　平成31年3月29日に文部科学省から出された「小学校、中学校、高等学校及び特別支援学校等における児童生徒の学習評価及び指導要録の改善等について（通知）」（以下、通知）には、次のような記述がある。「法令に基づく文書である指導要録について、書面の作成、保存、送付を情報通信技術を用いて行うことは現行の制度上も可能であり、その活用を通して指導要録等に係る事務の改善を推進することが重要であること。特に、統合型校務支援システムの整備により文章記述欄などの記載事項が共通する指導要録といわゆる通知表のデータの連動を図ることは教師の勤務負担軽減に不可欠であり、設置者等においては統合型校務支援システムの導入を積極的に推進すること」。既に多くの学校で、いわゆる校務支援ソフトを導入しており、子供たちの日々の生活や学習の状況をデータベース化して指導要録や通知表作成に役立てている。指導要録と通知表の文章記述欄を連動させることが教師の勤務負担軽減につながることは言うまでもない。統合型校務支援システムの整備が難しい場合について、通知では「いわゆる通知表の記載事項が、当該学校の設置者が様式を定める指導要録の『指導に関する記録』に記載する事項を全て満たす場合には、設置者の判断により、指導要録の様式を通知表の様式と共通のものとすることが現行の制度上も可能である」とあり、通知表と指導要録の要式の共通化による負担軽減を求めている。いずれにしても、指導要録と通知表を連動させることで、教師の不担軽減を図ることができる。さらに、指導に関する記録の一貫性をもたせられるとともに、指導要録の開示にも対応することができる。

通知表の様式を定める

　通知表は公的文書でないことから、その様式は、各学校の判断で定めることができる。自治体として統合型校務支援システムを導入している場合には、ある程度のカスタマイズは可能だとしても、初期設定に依存されることになる。指導要録との連動を考えるとき、通知表の様式についても発想の転換が求められる。それは、指導要録と通知表の役割の違いである。言うまでもなく、指導要録は、在籍中の指導に役立てるとともに、外部への証明等に資する原簿である。一方、通知表は生活や学習の状況を記録し、本人や保護者にその成果や課題を知らせ、意欲

[特集] これからの通知表のあり方・作り方を考える
■ theme 6 ■

の喚起を図ることが役割である。また、指導要録は、原則として年度末に作成するのに対し、通知表は各学期の終わりに作成し渡すものである。この点について、通知では、工夫の例として以下の３点を示している。

• 通知表に、学期ごとの学習評価の結果の記録に加え、年度末の評価結果を追記することとすること。
• 通知表の文章記述の評価について、指導要録と同様に、学期ごとにではなく年間を通じた学習状況をまとめて記載することとすること。
• 指導要録の「指導に関する記録」の様式を、通知表と同様に学年ごとに記録する様式とすること。

文章記述による評価、いわゆる所見などについて、年度末のみ実施することには、子供たちや保護者への説明が必要であろう。さらに、文章記述のデータの連動を図るとき、考え方を統一しておくべきことがある。それは、文末表現を含めた文体である。通常、通知表は子供や保護者を対象に書かれるため、敬体で表現される。一方、指導要録は公簿という性格上、常体で記述される。どちらかに統一するとい

う判断がなければ、データを連動させることのメリットが薄れてしまう。この点については、設置者の判断が必要となる。通知表の形式は、容易に変更できるものではない。学習指導要領の全面実施を前に、必要な形式について確認し、準備をしておく必要がある。

行動の記録

行動の記録は、各教科等の学習を含めた学校生活全体にわたって認められる子供の行動について記録し、その子供や保護者に伝えていく役割がある。したがって、その根拠となる日々の状況を記録しておくことが重要である。その視点については、指導要録との連動の観点から、指導要録の項目と同一にすることが望ましい。この点について、通知では「別紙４」として評価項目及びその趣旨が示されている（**表１**）。

表１　通知〔別紙４〕（一部抜粋）
（１）評価項目及びその趣旨
＜小学校　行動の記録＞

項　　目	学　　　年	趣　　　　　　　旨
基本的な生活習慣	第１学年及び第２学年	安全に気を付け，時間を守り，物を大切にし，気持ちのよいあいさつを行い，規則正しい生活をする。
	第３学年及び第４学年	安全に努め，物や時間を有効に使い，礼儀正しく節度のある生活をする。
	第５学年及び第６学年	自他の安全に努め，礼儀正しく行動し，節度を守り節制に心掛ける。
健康・体力の向上	第１学年及び第２学年	心身の健康に気を付け，進んで運動をし，元気に生活をする。
	第３学年及び第４学年	心身の健康に気を付け，運動をする習慣を身に付け，元気に生活をする。
	第５学年及び第６学年	心身の健康の保持増進と体力の向上に努め，元気に生活をする。

学校教育・実践ライブラリ〈Vol.3〉　33

theme 6

　通知では、項目として「基本的な生活習慣」「健康・体力の向上」「自主・自律」「責任感」「創意工夫」「思いやり・協力」「生命尊重・自然愛護」「勤労・奉仕」「公正・公平」「公共心・公徳心」の10項目が示され、小学校では低学年・中学年・高学年ごとにその趣旨が説明されている。指導要録の様式は、この別紙4を参考に設置者が定めることになっているが、各学校の教育目標に沿って自校で項目を追加できるようにもなっている。いずれにしても、通知表も指導要録の様式を反映するようにしたい。

　行動の記録について留意事項が二つある。その一つは、評価の記載方法である。指導要録においては、各項目の趣旨に照らして十分満足できる状況にあると判断される場合に、○印を記入することになる。一方、通知表では、「大変よい」「よい」「もう少し」などの3段階評価や、「大変よい」「よい」、「よい」「もう少し」などの2段階評価で表記することが多い。指導要録の評価方法に合わせ、十分満足できる状況にあると判断される場合に、○印を記入することも考えられる。しかし、通知表の趣旨からすれば、子供たちのよさを積極的に評価していきたい。指導要録で○を記入するべき項目と通知表における3段階評価の最上位と連動させることなども考えられるが、統合型校務支援システムの設計に依存されることになる。

　もう一つの留意事項は評価の趣旨の理解である。例えば「基本的な生活習慣」について、低学年では次のように示されている。「安全に気を付け、時間を守り、物を大切にし、気持ちのよいあいさつを行い、規則正しい生活をする」。ここには、子供の具体的な姿として「①安全に気を付ける、②時間を守る、③物を大切にする、④気持ちのよいあいさつをする、⑤規則正しい生活をする」の五つが示されている。他の項目についても、どれもその趣旨は、複数の姿で示されている。それらの全てを十分に満足することは難しい。そこで、学期ごとに評価項目を定めて重点的に見ていく方法、それぞれの項目の状況を総括する方法などが考えられる。いずれにしても、学校としての評価規準を明確にし、子供たちの具体的な姿を捉えて評価していく必要がある。また、後述の総合所見との関連を図ることで行動の記録の評価を補完し、通知表本来の機能を果たしていかなければならない。特に、十分でない状況については具体的な改善策を例示していきたい。

【学校としての評価規準の例（小学校）】

〔基本的な生活習慣・低学年〕

| 「気持ちのよいあいさつができる」 |||
A規準	B規準	C規準
いつも自分から進んで気持ちのよいあいさつができる。	気持ちのよいあいさつができる。	自分からあいさつすることが少ない。

〔基本的な生活習慣・中学年〕

| 「運動する習慣を身に付ける」 |||
A規準	B規準	C規準
運動することの意義を理解し、習慣として運動することが身に付いている。	休み時間には積極的に体を動かすなど、運動習慣が身に付いている。	積極的に体を動かすことが少ない。

総合所見

　通知表の中で担任が最も気を使うのが所見欄である。学習や生活全般で見られるその子のよさを知らせるとともに、次の学期や学年への希望をもたせることがその機能であった。指導要録との連動を考えるとき、改めて所見欄の在り方を捉え直す必要がある。指導要録における「総合所見及び指導上参考となる諸事項」について通知には以下のように示されている。

　「児童の成長の状況を総合的にとらえるため、以下の事項等を文章で箇条書き等により端的に記述する

[特集] これからの通知表のあり方・作り方を考える
■ theme 6 ■
通知表の趣旨と機能を生かす行動の記録・総合所見の評価と表記

こと。特に④のうち、児童の特徴・特技や学校外の活動等については、今後の学習指導等を進めていく上で必要な情報に精選して記述する。

①　各教科や外国語活動、総合的な学習の時間の学習に関する所見
②　特別活動に関する事実及び所見
③　行動に関する所見
④　児童の特徴・特技、学校内外におけるボランティア活動など社会奉仕体験活動、表彰を受けた行為や活動、学力について標準化された検査の結果等指導上参考となる諸事項
⑤　児童の成長の状況にかかわる総合的な所見

記入に際しては、児童の優れている点や長所、進歩の状況などを取り上げることに留意する。ただし、児童の努力を要する点などについても、その後の指導において特に配慮を要するものがあれば端的に記入する。」

「文章で箇条書き等により端的に記述すること」という言葉のとおり、一つの文章として完結するのではなく、通知にある①から⑤の内容を箇条書きにして記述していくことも必要である。指導要録の「総合所見及び指導上参考となる諸事項」と共通になるよう、以下のとおり①から⑤の項目ごとに日々記録を集積し、通知表に反映することが担任の負担軽減につながる。

①　各教科等の学習において、特にその子らしさを発揮した事項を記載する。
②　学級活動や学校行事等における活躍の状況を記載する。
③　前述の「行動の記録」における特筆すべき事項や、その子らしさが現れるエピソードを記載する。
④　その子の特技や今後生かすべき特徴など、保護者と共有すべきものを記載する。なお、学力調査の結果等については、あえて通知表で知らせる必要はない。
⑤　前年度に課題だった状況の改善状況、今後さら

に伸びていくために課題となっている事項など、励ましと期待の意味を込めて記載する。

【総合所見の例（小学校）】

• 友だちの思いを理解し、それを尊重しながら自分の考えを伝えるといった、質の高い学びができています。
• 運動会の用具係リーダーとして、チームの中で的確に指示することができました。
• 誰に対しても明るく丁寧に接することができ、友だちへの優しい心遣いが学級を明るくしています。
• 自分の考えや学んだことを分かりやすく図解できる力は、これからの学習でももっと必要になる大事な力です。
• 好きなスポーツを見つけて、運動への苦手意識を少しでもなくしていきましょう。

今回の通知は、これまでの学校における通知表の考え方を大きく変えるものである。また、新しい通知表作成の指針となるものであり、全教職員で共有することが必要である。

Profile

きな・ともひろ　東京都公立小学校教諭、東京学芸大学附属大泉小学校教諭、町田市教育委員会指導主事、台東区教育委員会統括指導主事、中野区教育委員会指導室長を務めた後、江東区立枝川小学校、江東区立豊洲北小学校で校長・統括校長を務め現職。現在、東京都公立小学校長会会長、全国連合小学校長会会長。中央教育審議会教育課程部会委員、同教員養成部会委員。

学校教育・実践ライブラリ〈Vol.3〉　35

2019年4月から毎月末発行 刊行開始!

スクールリーダーのための12のメソッド

学校教育・実践ライブラリ

ぎょうせい／編

全12巻

A4判、本文100頁（巻頭カラー4頁）

1年でわが校を次代の学校へとつくりかえる わたしたちの最新メソッド。

最重要課題を深く掘り下げる〈各月特集テーマ〉

- ❶（4月配本）学校の教育目標を考えてみよう〜学校目標から学級目標まで〜
- ❷（5月配本）評価と指導 〜全面実施直前・各教科等の取組課題〜
- ❸（6月配本）これからの通知表のあり方・作り方を考える
- ❹（7月配本）働き方で学校を変える〜やりがいをつくる職場づくり〜
- ❺（8月配本）校内研修を変えよう
- ❻（9月配本）先進事例にみるこれからの授業づくり〜単元づくりから指導案づくりまで〜
- ❼（10月配本）思考ツールの生かし方・取組み方〜「主体的・対話的で深い学び」を「アクティブ」にする方法〜
- ❽（11月配本）気になる子供への指導と支援〜特別支援教育のこれから〜
- ❾（12月配本）特別活動のアクティブ・ラーニング
- ❿（1月配本）総合的な学習のこれからを考える
- ⓫（2月配本）英語・道徳の総チェック〜全面実施の備えは万全か〜
- ⓬（3月配本）新課程の学校経営計画はこうつくる

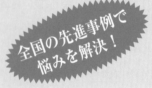
全国の先進事例で悩みを解決！

＊各月特集テーマ名は変更する場合があります。

各巻定価（本体 1,350円＋税）各巻送料215円
セット定価（本体 16,200円＋税）のところ
2019年9月30日までにセットご注文をいただいた場合
約11％OFF

セットご購入特価 本体 14,400円＋税 送料サービス

＊送料は2019年2月時点の料金です。

ぎょうせい

現場感覚で多彩な情報を発信。
2019年度の学校づくり・授業づくりはこのシリーズで！

●本書の特長●

① "みんなで創る"
授業づくり、学校づくり、子供理解、保護者対応、働き方……。
全国の現場の声から、ともに教育課題を考えるフォーラム型誌面。

② "実務に役立つ"
評価の文例、校長講話、学級経営、単元づくりなど、現場の「困った！」に応える、
分かりやすい・取り組みやすい方策や実例を提案。

③ "教養が身に付く"
単元とは、ユニバーサルデザインとは、など実践の土台となる基礎知識から、著名人の
エッセイまで、教養コーナーも充実。実践はもちろん教養・癒しも、この1冊でカバー。

●充実の連載ラインナップ●

創る create
- ●田村学の新課程往来【田村　学〈國學院大學教授〉】
- ●学びを起こす授業研究【村川雅弘〈甲南女子大学教授〉】
- ●講座　単元を創る【齊藤一弥〈島根県立大学教授〉】　ほか

つながる connect
- ●UD思考で支援の扉を開く　私の支援者手帳から【小栗正幸〈特別支援教育ネット代表〉】
- ●学び手を育てる対話力【石井順治〈東海国語教育を学ぶ会顧問〉】
- ●ユーモア詩でつづる学級歳時記【増田修治〈白梅学園大学教授〉】　ほか

知る knowledge
- ●解決！ ライブラちゃんのこれって常識？ 学校のあれこれ
- ●本の森・知恵の泉【飯田　稔〈千葉経済大学短期大学部名誉教授〉】
- ●リーダーから始めよう！ 元気な職場をつくるためのメンタルケア入門【奥田弘美〈精神科医・産業医〉】

ハイタッチな時空間を味わう
- ●[カラー・フォトエッセイ] Hands〜手から始まる物語〜【関　健作〈フリーフォトグラファー〉】
- ●[エッセイ] 離島に恋して！【鯨本あつこ〈NPO法人離島経済新聞社統括編集長〉】
- ●[校長エッセイ] 私の一品〈各地の校長によるリレーエッセイ〉

＊連載等の内容は変更する場合があります。

●お問い合わせ・お申し込み先
㈱ぎょうせい
〒136-8575 東京都江東区新木場1-18-11
TEL：0120-953-431／FAX：0120-953-495
URL：https://shop.gyosei.jp

解決！ライブラちゃんの
これって常識？ 学校のあれこれ

校長室はあるのに、
なぜ教頭室はないの？

ライブラちゃんは校長室が大好き。ライブラちゃんの学校の校長先生は、地学を勉強していて、校長室にはいろいろな石があります。佐渡の金山で採ってきた石を見せてもらったら石の中に金色の筋が……。「へえ、金って層になっているんだ」。毎日、いろいろな石を見せてもらうのが楽しみになったライブラちゃん。ある日、ふと気づきました。「なんで校長室はあるのに、教頭室ってないんだろう……」。校長先生も「どうしてだろうね」。そこで、学校の先生の制度に詳しい京都光華女子大学の若井彌一先生を訪ねて、なぜ教頭室がないのか聞いてみることにしました。

教頭は教諭だった

なぜ、校長室があるのに教頭室はないか——。そのことについての定説はありませんが、それはたぶん、教頭が教諭だったからではないかと考えられます。

え、教頭は普通の先生だったんですか。

そうです。もちろん、明治以来、学校に置かれている職ではあったのですが、特に、戦後になると、法律上は、職としての位置付けはされていませんでした。学校には常に教頭はいたのですが、学校教育法（以下、「学教法」）などで位置付けられたものではなかったわけです。

ただ、学校の近代化が進むにつれて、教頭職の役割の重要性が認識されるようになり、昭和32年12月の学校教育法施行規則の改正によって、学校には特別の事情のあるときを除き教頭を置くものとすることが規定されたのです。

ただ、そこでは教頭は、「教諭をもって充て」るとされました。

当時は、教職員というのは、主に、校長・教諭・助教諭で構成されていたのです。助教諭はいわゆるピンチヒッターですから、実質的には、校長が1人、あとはみな教諭だったんですね。だから、学校の組織は、なべ蓋構造といわれます。つまみの部分が校長で、なべ蓋を構成する平たい部分が教諭だったわけです。

今の学年主任や研究主任みたいなものだったんですね。

そこは微妙ですが、近い感じかもしれませんね。ただ、昭和32年の学教法施行規則では、教頭は校長を助け、校務を整理するといった規定が設けられていて、現在の役割とあまり変わりありません。

ところが、当時は、教頭の選任に当たり明確な基準がなかったために、混乱する現場も出てきま

した。教職員団体との関係や、教育委員会における取扱いの問題などもあり、身分保障されている職にはなっていなかったのです。

　そこで、教頭の職務を明確にし、教諭とは違う職として法令上に位置付けようとのことなどから、昭和49年に学教法改正案が国会で可決され、同年に施行されました。そこで、①学校には教頭を置くこと（高校では特別の事情を除く）、②教頭は校長を助け、校務を整理し、必要に応じ児童生徒の教育をつかさどること、③校長に事故があるときは職務を代理し、校長が欠けたときはその職務を行う、ということが規定されました。

　この当時は、米ソ冷戦の時代で、日本でも政党間や、文部省と教職員組合との対立などがありました。こうした中、昭和43年に法案が出されて以降、6年の歳月を経て、教頭は独立職として法令上に位置付けられることになったわけです。

　その後、平成21年に副校長が位置付けられ、主幹教諭などとともに、学校の管理運営体制が確立されていきます。

教頭にもっと光を

　このように、元が教諭だったことから、小学校の教頭は小学校教諭から、中学校の教頭は中学校の教諭から選任され、専門教科の授業もできることになっていたわけです。小規模校では教頭が毎日授業をしているというのも珍しくないことです。

　というわけで、教頭には、管理職としての職務からときには一般教員までの職務をこなさなければいけないこともあり、かつては、セブン・イレブン（朝7時に来て夜11時に帰る）と言われていました。教頭の仕事は非常に多岐にわたっているだけでなく、その仕事内容も複雑です。副校長職をおいても、大きな改善には至っていないのが現状です。

　平成28年の文部科学省「教員勤務実態調査」では、副校長・教頭の1日当たりの学内勤務時間は、小学校で12.12時間、中学校で12.06時間となっており、教職員の中で唯一12時間を超える学内業務を行っています。しかも、10年前と比べても増えている状況なんですね。もちろん、校長や一般教員も同様ではありますが、特に副校長・教頭の労働時間は突出していると言えます。

　こうした中で、教頭のなり手がいないと嘆く自治体も増えています。働き方改革もいろいろなところで進めようとしているようですが、副校長・教頭の仕事は、もっと整理されていいですね。

　それから、管理から渉外から授業まで、いろいろな仕事をこなして学校を支えているわけですから、みんな、教頭をもっとリスペクトしていいと思うんですね。教頭を顎で使う校長をみると残念な気持ちになってしまいます。

　もっと教頭に光を！　と言いたいですね。

若井彌一　先生
京都光華女子大学監査部長。京都大学学際融合教育研究推進センター特任教授。専門は教育法規、教育行政学。上越教育大学学長、仙台大学統括副学長を経て現職。『必携教職六法』『教員の人事行政』など著書多数。

本の森・知恵の泉
[第3回]

未知を招き入れ解決を図る思考
『天然知能』

人工知能、自然知能、天然知能

AI（人工知能）が、広く世間の関心事となっている。そこへ、「天然知能」が書名の図書が登場。天然知能とは何か、人工知能の対義語は、自然知能であると著者は巻頭に書く。

さて、人工、自然、天然の三つの知能を、どう捉えて理解するか。本書は、それらを概説しようとする。

人工知能については、数学者の新井紀子国立情報学研究所教授が書いた『AI vs. 教科書が読めない子どもたち』を、筆者も読んだ。これが、人間の能力のすべてを覆うものではないとも承知していたつもりである。そこで、天然知能であるが、その存在は数値や調査で実証するのでなく、人間の知能の無形的要素として、推定、推論、例証し概説することになるか。そうした思いで、本書のページを追うことにした。著者の経験からも、天然知能の概念は生まれたのであろうから……。

「外部」を受け入れる天然知能

本書の目次に、目はまず向く。虫、魚、植物から百獣の王に至るまで並べて、八つの章で天然知能を語ろうとする。そして、巻頭で著者は、まず「ダサカッコワルイ」と天然知能について宣言。天然知能は、ダサイように見えて、実は本当にカッコワルイのだと語る。そして、ダサカッコワルイところに、知覚できないが存在する「外部」を生きることに、天然知能のヒントがあると語りかける。

そこで、「外部」とは何を指すかである。自分からは感じることもできない、自分の知らない向こう側のことを「外部」という。決して見ることも聞くこともできず、全く予想できないにもかかわらず、その存在を感じ、出現したら受け止めねばならない徹底した外部。それを受け入れるのが、天然的知能（知性）なのだ。芸術家がイメージするのは、外部から来たものを受け入れることであるとも示す。

1.5人称的知性としての天然知能

自分にとっての知識世界を構築する対処としての人工知能を、1人称的知性と著者は示す。そして、客観的知識を指向する自然知能は、自然科学的思考一般であるから3人称的知性。一方、知覚できないものに対しても、存在を許容する能力である天然知能は、1.5人称的知性であるという。

この数値でみれば、人工知能（1人称的知性）、自然知能（3人称的知性）の両社の中間に位置するのが天然知能（1.5人称的知性）である。知覚できない外部に対する感性であるからなのだ。

これを概説する著者は、早稲田大学基幹理工学部・表現工学専攻教授で理学博士の人。人工知能の発達によって、定量化し評価し比較する能力主義が全面化する今だからこそ、「天然知能」は意味をもつと、第8章で著者は言い切る。

『天然知能』
郡司ペギオ幸夫 著
講談社

いいだ・みのる　昭和8年東京・小石川生まれ。千葉大学で教育学を、法政大学で法律学を学ぶ。千葉大学教育学部附属小学校に28年間勤務。同校副校長を経て浦安市立浦安小学校長。62年4月より千葉経済大学短期大学部に勤務し教授、初等教育学科長を歴任。この間千葉大学、放送大学講師（いずれも非常勤）を務める。主著に『職員室の経営学』（ぎょうせい）、『知っておきたい教育法規』（光文書院）、『教師のちょっとしたマナーと常識』（学陽書房）、『伸びる芽育つ子』（明治図書）ほか共著・編著多数。

千葉経済大学短期大学部
名誉教授
飯田　稔

例証を見出しを頼りに読む

　天然知能を概説するため、八つの章に八つの生物（昆虫、魚など）を用意したのが本書の特徴。これで例証するのかと思うと、それだけではない。著者自身の子供時代の経験、旅での出会いが登場する。旅先での生物や地形との出会い、地形や部屋の造作までも用いて、天然知能を説くのが本書。

　その熱心さに敬服しつつ読み進めるが、一山越すと、また一山である。八つの章は、①ヤマコガネ―知覚できないが存在するもの、②サワロサボテン―無意識という外部、③イワシ―UFOはなぜ宇宙人の乗り物なのか、④カブトムシ―努力する神経細胞、⑤オオウツボカズラ―いいかげんな進化、⑥ヤマトシジミ―新しい存在論の向こう側、⑦ライオン―決定論・局所性・自由意志、⑧ふったら猫―ダサカッコワルイ天然知能。各章につく見出しを頼りに筆者は読み通してみた。

文理融合の大切さを痛感

　量的な評価・計算主義に対する概念として構想されたのが、天然知能である。人工知能や自然知能とともに、人間には天然知能があると主張し、自分らしく生きることや、創造性についても話は及んでいる。読み進めながら考えたことを一つだけ述べる。

　教育改革の方向の一つに、"文理融合"のあることは読者の方々も承知である。その必要性を感じて仕方なかったのが筆者である。従来から、選書メチエは数十冊読んだ。でも、読んだのは歴史、社会、教育などと、文系のものばかりであった。だから理系の書物に接したとき、難渋することになった。猛省しきりだが、国民的教養の一つとして、文理融合を図っていかなければと思う。

　小学校高学年に、理科の専科教員を設けたい動きがある。これも小学校教師の多くが文系で育っていることに遠因はないだろうか。改めて、教員養成においても、文理融合を考えたらいいのではないか。いや、教員養成のことだけではない。国民の知性を、文理融合で育てていくことが大事なのではないかと、本を机に置いて考えた。

リーダーから始めよう！
元気な職場をつくるためのメンタルケア入門 [第3回]

ストレスサインに対して敏感になろう

精神科医（精神保健指定医）・
産業医（労働衛生コンサルタント）
奥田弘美

　ほとんどの病気は早期に気付いてケアを開始することができれば、軽症でかつ短期間で治癒します。これは体だけではなく、心の病気にも言えることです。ストレスの蓄積によって心身のエネルギーレベルが下がりはじめたときには、初期の兆候が体や心に現れはじめます。この初期の兆候は、人によって違います。体に兆候が出やすい人、気持ちに兆候が出やすい人、行動に兆候が出やすい人など特徴があるのです。このストレスによる初期兆候のことを、私自身は「マイ・ストレスサイン」と名付けています。このマイ・ストレスサインを見逃さないようにすることが、心の健康にとって、とても大切です。人によってはストレスが体や心にたまりはじめていても、忙しさのあまりなかなか気が付かないことがあり、気が付けばうつ病などのストレス性疾患になっていた……ということも多いものです。

　では、どのようにしてマイ・ストレスサインを見つければよいのでしょうか？　次の三つのステップに従って、ぜひセルフチェックをしてください。

●ステップ1　「過去・現在のストレス体験を思い出す」
　まず、あなた自身のストレス体験を思い出しましょう。現在から過去にさかのぼっていき、自分にとって明らかなストレス状態だったときのことを振り返ってみてください。辛いことや悲しいことが起こったとき以外にも、就職、結婚、出産、異動などの大きな人生イベントも医学的には一種のストレス状態に入ります。
●ステップ2　「ストレス時の心身の反応を具体的に分析する」
　それぞれのストレス状態のとき、心と体に起こった変化や状態をできるだけ具体的に思い出してみましょう。可能な限り詳細に思い出して書き挙げてみてください。表1には、「一般的に見られる心身のストレスサイン」を挙げました。この表を参考にしながらセルフチェックしていくと、記憶がよみがえりやすいと思います。この表以外にも、あなた特有のサインに気付いたら、どんどん書き挙げていってください。
●ステップ3　「客観的な意見を収集してみる」
　続いて可能ならば、あなたがストレス状態に陥ったとき、どんな反応を示していたかを、身近な人である家族や親しい友達など、信用できる第三者に教えてもらいます。「私が～のとき、いつもと違ったところがあった？」「体調や雰囲気に変化があった？」などと、尋ねてみるとよいでしょう。

　いかがですか？　これらのステップに沿ってチェックしていくと、あなた特有のストレスサインが見えてくると思います。マイ・ストレスサインはまさに心と体の警戒警報です。ストレスが蓄積していることを自覚して、普段よりしっかり休息をとる、ストレス源から離れてリラックス時間を捻出するなどのケアが必要です。このケア方法については、次回詳しくお話ししたいと思います。

表1　一般的に見られる心身のストレス・サイン

《精神面・行動面のサイン》
- 漠然とした不安、落ち着きがなくなりそわそわする。
- 怒りっぽくなる、イライラする。他人に敵意を感じやすくなる。
- 興奮しやすくなる、涙もろくなる。
- 他人に嫌悪感や恐怖感を感じる。会うのが億劫になる。
- 強迫観念や心配癖が出てくる。
　例えば、鍵を閉めたかどうか、目覚まし時計をかけたかどうかなど、何度も不安になって確かめてしまうなど。
- 楽しさや、嬉しさが感じにくくなり、趣味や遊びが億劫になる。
- 物事に集中できない、作業や仕事、勉強の能率が落ちる。
- 被害的になってしまう。自信がなくなる。
　例えば、周りの人が自分を非難しているように感じてしまうなど。
- 甘いものやタバコやコーヒー、酒などの嗜好品が、急に増える。

《身体面のサイン》
- 筋肉の緊張が強くなり、肩こり、腰痛、頭痛などがひどくなる。
- 下痢や便秘、胃もたれ、胃痛、腹痛など消化器系の異常が出る。
- 疲労感、倦怠感が増強する。一晩寝ても、疲れがとれないなど。
- 寝つきが悪くなる。夜中や早朝に目覚める。熟睡できない。
- 過剰な食欲が出る、もしくは、食欲が出ない。
- 風邪を引きやすくなる。
- 高血圧やアトピー、喘息などの持病が悪化する。
- 性欲が減退する。
- めまい、耳鳴りが出現する。

●おくだ・ひろみ　平成4年山口大学医学部卒業。都内クリニックでの診療および18か所の企業での産業医業務を通じて老若男女の心身のケアに携わっている。著書には『自分の体をお世話しよう〜子どもと育てるセルフケアの心〜』（ぎょうせい）、『1分間どこでもマインドフルネス』（日本能率協会マネジメントセンター）など多数。

教育関係者向け総合情報サイト
ぎょうせい教育ライブラリ
GRAND OPEN!

Since 2019

● 『学びのある』学校づくりへの羅針盤を基本コンセプトに、教育の現在に特化した総合情報サイトを開設しました！

「お気に入り」登録を！
https://shop.gyosei.jp/library/

▼「ぎょうせい教育ライブラリ」トップページ

「学校教育」の現場で今すぐ役立つ情報を発信していきます。

教育の現在が分かる無料メルマガ
「きょういくプレス」会員受付中

〒136-8575
東京都江東区新木場1-18-11
TEL0120-953-431
株式会社　ぎょうせい

田村 学の
新課程往来
[第3回]

「見方・考え方」について考える

「見方・考え方」の生成過程

　今回は、学習指導要領改訂のキーワード「見方・考え方」について考えを記します。

　平成26年の大臣諮問の段階で「主体的・協働的に学ぶ学習（いわゆる『アクティブ・ラーニング』）」とされていた記述は、「深い学びの過程」「対話的な学びの過程」「主体的な学びの過程」となり、最終的には「主体的・対話的で深い学び」と表現されるようになります。ここには、前向きに取り組み、自ら考え判断する姿を期待して「主体的な学び」を記していると考えることができます。また、様々な考えをもつ、多くの人との対話の価値として「対話的な学び」が記されていると考えることができます。

　この二つの学びは極めて重要であり、授業において実現すべき学びと考えるべきです。しかしながら、いくら前向きであったとしても、対話が活発に行われたとしても、その学びが教科等の目標や内容に向かっていなければ、その学びには疑問符が付くことになります。その学びが這い回り高まりを見せるものでなければ、期待する学びとは言えないはずです。ここに「深い学び」が位置付けられた価値があるのです。この「深い学び」を示すことによって、教科等の固有性や本質を視野に入れた質の高い学びを目指すことが明確になったと考えることができます。

　さらには、この「深い学び」を明確にするために「見方・考え方」が示されることになります。中央教育審議会の答申には、次のように表現されています。

> 「アクティブ・ラーニング」の視点については、深まりを欠くと表面的な活動に陥ってしまうといった失敗事例も報告されており、「深い学び」の視点は極めて重要である。学びの「深まり」の鍵となるものとして、全ての教科等で整理されているのが、第5章3．において述べた各教科等の特質に応じた「見方・考え方」である。

　この「見方・考え方」については、答申の第5章で次のように記されています。

> その過程においては、"どのような視点で物事を捉え、どのような考え方で思考していくのか"という、物事を捉える視点や考え方も鍛えられていく。こうした視点や考え方には、教科等それぞれの学習の特質が現れるところであり、（略）
> こうした教科等の特質に応じた物事を捉える視点や考え方が「見方・考え方」であり、各教科等の学習の中で働くだけではなく、大人になって生活していくに当たっても重要な働きをするものとなる。

　また、次のような記述もあります。

> 「見方・考え方」には教科等ごとの特質があり、各教科等を学ぶ本質的な意義の中核をなすものとして、教科等の教育と社会とをつなぐものである。

　その上で、『初等教育資料』（平成29年11月号）において、文部科学省教育課程課は次のように述べています。

> 今回の学習指導要領改訂では、育成を目指す資質・能力は三つの柱に沿って各教科等で整理されており、「見方・考え方」それ自体は資質・能力には含まれるものではない。すなわち、資質・能力を育成していく上で活用すべき視点・考え方であり、例えば、今後検討を深めていく学習評価の仕組みにおいても、評価の対象となるのはあくまでも資質・能力であり、「見方・考え方」それ自体を評価の対象項目とすることは予定されていない。

たむら・まなぶ　1962年新潟県生まれ。新潟大学卒業。上越市立大手町小学校、上越教育大学附属小学校で生活科・総合的な学習の時間を実践、カリキュラム研究に取り組む。2005年4月より文部科学省へ転じ生活科・総合的な学習の時間担当の教科調査官、15年より視学官、17年より現職。主著書に『思考ツールの授業』（小学館）、『授業を磨く』（東洋館）、『平成29年改訂 小学校教育課程実践講座　総合的な学習の時間』（ぎょうせい）など。

田村　学
國學院大學教授

教科等の本質としての「見方・考え方」

　そもそも「見方・考え方」は、教科等の本質、その中核です。したがって、「見方・考え方を働かせる」ことは、教科等固有の学びが実現することであり、「見方・考え方」は教科等固有の学び、または、その有り様と考えるべきでしょう。各教科等には、それぞれの学びの様相があるはずです。ズバリ一言で、その教科等の存在意義や存在価値を示す固有の学びや有り様を「見方・考え方」と考えていくべきです。各教科等の固有の学びを端的に示してみるならば、例えば、国語科であれば、言葉や文章に目を向けて、言葉の意味を問い直し意味付けること。社会科であれば、社会事象に目を向けて、社会の機能を追究すること。算数科や数学科であれば、数理に目を向けて、論理的に考えること。理科であれば、自然事象に目を向けて、科学的に探究すること、などとすることができます。

　総合的な学習の時間で、稲作をしながら食糧生産について探究していく子供の学びを例に考えてみましょう。稲の生育過程を記録し、気温や日照条件などと関係付けて科学的に探究することは理科の見方・考え方を活用しています。栽培品種の地域的な広がりを地形や物流などと関連付けて社会の機能を追究することは社会科。米のもつ独自の栄養価を自分の食生活に生かそうとすることは家庭科。同じ事物や現象でも、各教科等の見方・考え方を働かせることで、多様に事象を捉え、幅広く認識し、豊かに関わることにつながります。私たちは、日々の暮らしや生活の中において、各教科等の見方・考え方を働かせていくのです。

「見方・考え方」と資質・能力の育成

　こうした教科等固有の学びの有り様こそが、教科等の本質的な意義の中核をなすものと考えることができます。だからこそ、教科目標の冒頭に示す必要があり、教科等に固有の学びが実現されるために、「見方・考え方を働かせる」ことが求められているのです。そして、そのことこそが、各教科等で示している資質・能力の育成につながるのです。

　この「見方・考え方」の「見方」とは、どのように対象を捉えるかといった教科等固有の対象を捉える視点とすることができます。一方、「見方・考え方」の「考え方」とは、どのように対象と関わり、どのように対象に迫るかといった教科等固有のアプローチの仕方やプロセスとすることができます。言い方を変えれば、「見方・考え方」とは、各教科等の特質に基づいて対象を捉え、認識したり、働きかけたりする、各教科等に固有の学びの有り様と考えることができます。

　「見方・考え方」は、教科等の本質的な意義の中核です。微細に整理し、授業の分析や設計を試みるのではなく、骨太に捉え、学びを確かにイメージし構想することこそが重要なのです。

常に考えながら、言葉を新たにしていく

東京学芸大学准教授
末松裕基

前回は学校経営における言葉の重要性を一緒に考えました。今回ももう少しこの問題を考えるところから始めたいと思います。

そもそもなぜ、このようにわたしが言葉という、一見学校経営とは直接には関係のないことを題材にしているかということから説明をしてみたいと思います。

学校という組織は教職員に限らず、保護者や地域住民、教育行政関係者、そして、近年であれば多様な専門家や職種が関わっていくものと捉えられています。

ただ、ここで注意が必要なのは、そのような多種多様な立場や価値観をもつ人々が、教育や子育てという抽象的で曖昧な目標に向かって、必ずしも無条件に予定調和的に意見の一致を得る必要はないということです。

もちろん、様々な利害の対立や意見の相違が、学校経営を進めるに当たって生じてきますし、本来、人間は一人一人異なった価値観をもっていますので、考えがぶつかるのは当然のことです。

ただ、それでは、このような状況を成り行きに任せておくだけでよいかというと、そういうわけにもいきません。そして、保護者や行政の要求にのみ応じているだけでも、学校や教職員は受け身になるだけですので、それなりに方針や考え方をもって、様々な人々の意見や考えに向き合っていくことが求められます。

◆人間は言葉を使って集団を維持する

人間が動物と違うのは、異なる価値観や考えをもつ相手を前にしても、議論や交渉によって、どうしたら相手にわかってもらえるかを考えようとする点です。つまり、人間は言葉を使って話し合いをして集団を維持します。

かつてアリストテレスは"神様と動物には政治はいらない"と言ったそうです。そして"政治をするのは人間だけだ"とも言いました。人間が生きる社会にはどうしても、対立や矛盾が生じます。しかし、人間はそれを政治の力で乗り越えていかなければなりません。そして、その政治を大きく左右し、根幹に位置付くのが、言葉です（宇野重規『未来をはじめる─「人と一緒にいること」の政治学』東京大学出版会、2018年、55-56頁）。

このように考えると、学校関係者の間でどのような言葉が頻繁に使われているか。また、教員が保護者と会話をする際に、どのような言葉を使おうとしているか。さらに、校長が教職員に語りかける際に、どのような言葉を大切にしているか。このようなことを意識するだけでも、わたしたちの日々の生活の在り方や、結果的には、その学校の様子が大きく変わってくると思います。

こういったことを最近よく考えながら、学校の先生方とお話をするようにしています。教育政策や学習指導要領で突然登場してきた言葉を用いる

●すえまつ・ひろき　専門は学校経営学。日本の学校経営改革、スクールリーダー育成をイギリスとの比較から研究している。編著書に『現代の学校を読み解く―学校の現在地と教育の未来』（春風社、2016）、『教育経営論』（学文社、2017）、共編著書に『未来をつかむ学級経営―学級のリアル・ロマン・キボウ』（学文社、2016）等。

ことは避けてほしいなどとは言いませんが、無意識に特定の言葉を難なく用いて、気付かないうちにそれらの大括りの意味や使用方法に慣れ、自らの言葉に対する意識や価値観に無自覚になっていないか。そういうことをここでは問うているのです。これはマスメディアやわれわれが日常的に使っているSNS等のメディアでの言葉使いについても当てはまると言えます。

最近、学生の授業レポートを見ていても、非常に感情的な言葉を短文で表現するのには慣れてはいるものの（英単語で「つぶやく」を意味するtweetを使ったツイッターというSNSはこの辺りをうまくシステム化しています）、じっくり思考しながら、相手の発言を自ら受け止めたのち、さらに、自分が考えていることを抽象化して表現するのは苦手なようです（LINEのスタンプもそのような面倒な思考過程をアウトソーシングできます）。

◆言葉を常に考える＝常に新たにしていく

詩人の谷川俊太郎さんが、対談で自らが言葉とどう向き合っているかを述べています。対談相手はエッセイストの内田也哉子さんです。

谷川：（略）最初から言葉も詩も信用してないんですよ。

内田：それはどういうことですか。

谷川：こんなもの何の役に立つのかしらとか、言葉なんて現実の１パーセントも捉えてないじゃないかとか、詩を書くなんて男子一生の仕事ではないとか……。

内田：そんなことを思っていたりするんですか!?

谷川：いまでも一貫してそうですね。むしろ、だからこそ、ずっと書きつづけることができたという感じなんですよ。信用できなくて、こんなものを書いたってしょうが

ないじゃないか、もっとほかの書き方があるはずだ……そういうことを繰り返してきて、わりとたくさん書いちゃったところがある。だから、疑いを失わなかったのが自分にとってプラスだったんでしょう。
（『KAWADE道の手帖 長新太』
河出書房新社、2007年、15頁）

言葉を専門にし、職業にしている方の強い覚悟のようなものと同時に、言葉を丁寧に扱って向き合っているからこそ、そこに過信はなく、また絶対的なものとして信じ込むのではなく、常に自分の言葉を厳しく問う姿勢が読み取れます。

これは普通に考えると、相当に難しいことだと思います。だからこそ、谷川さんは常に柔軟な言葉を新たに紡ぎ出せ、そして、多くの人にその言葉が届いているのだと思います。

同じ対談のなかで、先に引用した少し前に「ぼくは言葉に関しては、子どもの感覚を自分のなかから取り出そうとしているんだけど、やっぱり生きていく中で、いったんは子どもではなくなったんですね。そして子どもの大事さに気づいた」とも述べています。

学校に目を向けると、最近だと「カリキュラム・マネジメント」などは非常に特殊な言葉だと思いますし、そして、少し考えると「学校」という言葉も絶対的なものではないことがわかります。"わたしが使っている「学校」という言葉はどのようなイメージを指して使っているのか"このように問うことも可能です。そして、「本校では」など、特定の文脈で使われるような言葉でも、"どのような学校をイメージしてわたしは「本校」と使っているのか" "これを聞いている先生方はどのようなものとして受け止めているのか"このようなことを立ち止まって考えていくだけでも、もともと様々な考えをもつ人間が互いにうまく生きていくヒントが見出されると思います。

ここがポイント！

学校現場の人材育成

［第3回］

新任教員の即戦力化〈その3〉

●本稿のめあて●

今回は、新任教員の即戦力化の最終回として、教員の任命権者である教育委員会で作成しなければならない教員育成指標について取り上げます。特に大卒後すぐに現場に立つ教員の育成に関しては、教育委員会が担う役割が大きいことなどについて説明します。

新任教員の増加による課題

教員は学校現場で成長するものです。現場で成長するためには、本人の自助努力は必要不可欠ではありますが、やはり新人教員に対する組織的・計画的な研修が必要です。ところが新人教員に限ってみれば、教育公務員特例法上、任用1年目に実施が義務付けられている初任者研修のみしかありません。このほかに、同法で位置付けられているものとして、かつての10年経験者研修、現在の中堅教諭等資質向上研修（実施時期の弾力化は図られたものの教員経験10年程度で実施）はありますが、基本的に、大学卒業後の新任教員に限定すると、法令上の研修はこの初任者研修のみとなります。このため、どこの自治体においても、法定研修のほか、教育公務員特例法の別の規定により、経験年数等に応じた研修計画を策定して実施こそしてはいますが、これまでは教員の養成・採用・研修を一体のものと意識したものではありませんでした。

課題解決のための視点と方策―その2

今回は、第3の視点として、平成27年12月の中教審答申「これからの学校教育を担う教員の資質能力の向上について」により、平成28年11月に公布された一連の教育公務員特例法の改正についてみていきます。まず、同法22条の2では、文科大臣は、校長及び教員としての資質の向上に関する指標（以下、「教員育成指標」）の策定に関する指針を定めなければ

ならないとし、第22条の3では、校長及び教員の任命権者は、それを参酌して各自治体の教員育成指標を定めることとしています。そして、第22条の5では、この指標を定める協議会（以下、「教員育成協議会」）を教育委員会と大学等とで組織するものとしています。また、定められた指標を具現化するために、第22条の4では、指標を踏まえ、毎年度、教員研修計画を定めることとしています。なお、平成29年3月に文科大臣が定めた指標に関する指針では、「教員等の成長段階に応じた資質の向上の目安とするため、学校種や職の指標ごとに複数の成長に関する段階を設けることとする。その際、必ず、新規に採用する教員に対して任命権者が求める資質を第一の段階として設けることとする」としています。

次頁の表は、東京都教育委員会が教員育成協議会の下で平成29年7月に策定した教員育成指標の一部です（9年目以降の充実期や教育管理職の指標は省略）。上図最下段の「教育課題に関する対応力」の具体例として、グローバル人材の育成、不登校、いじめ、障害のある児童生徒、学校安全など9つの教育課題を挙げ、成長段階毎に到達目標を示しています。

教委の取組と役割―その2

教育公務員特例法では、各自治体は教員育成指標を定め、毎年、教員育成協議会を開催して研修計画の見直しを行うこととしています。つまり、教育委員会が担う重要な取組と役割は、教員育成指標の下で策定された研修計画がきちんと機能しているのか、PDCAを回して不断に改善することにあります。

明海大学副学長
高野敬三

たかの・けいぞう　昭和29年新潟県生まれ。東京都立京橋高校教諭、東京都教育庁指導部高等学校教育指導課長、都立飛鳥高等学校長、東京都教育庁指導部長、東京都教育監・東京都教職員研修センター所長を歴任。平成27年から明海大学教授（教職課程担当）、平成28年度から現職、平成30年より明海大学外国語学部長、明海大学教職課程センター長、明海大学地域学校教育センター長を兼ねる。「不登校に関する調査研究協力者会議」委員、「教職課程コアカリキュラムの在り方に関する検討会議」委員、「中央教育審議会教員養成部会」委員（以上、文部科学省）を歴任。

成長段階	教諭	
	基礎形成期	伸長期
	1～3年目	4年目～
求められる能力や役割	○教員としての基礎的な力を身に付ける。 ○教職への使命感、教育公務員としての自覚を身に付ける。	○知識や経験に基づく実践力を高め、初任者等に助言する。 ○主任教諭を補佐し、分掌組織の一員として貢献する。
教員が身に付けるべき力 — 学習指導力	・学習指導要領の趣旨を踏まえ、ねらいに迫るための指導計画の作成及び学習指導を行うことができる。 ・児童・生徒の興味・関心を引き出し、個に応じた指導ができる。 ・主体的な学習を促すことができる。 ・学習状況を適切に評価し、授業を進めることができる。 ・授業を振り返り、改善できる。	
生活指導力・進路指導力	・児童・生徒と信頼関係を構築して、授業、学級での規律を確立できる。 ・生活指導上の問題に直面した際、他の教員に相談しながら解決できる。 ・児童・生徒の状況に応じたキャリア教育の計画を立てることができる。	・他学年や他学級の生活指導上の問題について、共に対応したり、効果的な指導方法について助言したりできる。 ・児童・生徒の個性や能力の伸長及び社会性の育成を通して自己実現を図る指導を行うことができる。
外部との連携・折衝力	・課題に応じて保護者や地域、外部機関と連携を図り、学年主任の助言に基づいて、解決に向けて取り組むことができる。 ・保護者会等の進め方を理解し、保護者に伝える内容を整理するとともに、信頼関係を構築することができる。	・保護者・地域・外部機関と協働し、課題を解決することができる。 ・学校からの情報発信や広報、外部からの情報収集を適切に行うことができる。
学校運営力・組織貢献力	・組織の一員として校務に積極的に参画できる。 ・上司や先輩へ適切に報告・連絡・相談するなど、円滑なコミュニケーションを図り校務を遂行できる。	・担当する校務分掌についての企画・立案や改善策を提案できる。 ・上司や同僚とコミュニケーションを図りながら、円滑に校務を遂行できる。
教育課題に関する対応力	・教育課題に関わる法的な位置付けや学習指導要領の記述を確認するなどして課題に対する知見をもち、主体的に対応することができる。	・教育課題についての理解を深め、主任教諭を補佐し、分掌組織の一員として、課題解決のために貢献できる。

　独立行政法人教職員支援機構次世代教育推進センターが平成30年8月に実施した第1回アンケート調査結果によれば、この教員育成協議会の開催回数について年1回と回答した自治体数は全67の自治体中で25団体となっています。これでは、PDCAを踏まえた教員育成指標達成のための研修計画の見直しができるかどうか疑わしいところです。さらに言えば、同センターが実施した第3回目のアンケート調査結果（平成31年3月）によると、教員育成指標で見直しを行ったものがあると回答した自治体数は18にしか過ぎません。

　各教育委員会においては、特に、新任教員の資質能力の向上に意を用いるべきです。毎年、新任教員に対する研修の評価を適正に行い、その結果を教員育成協議会で忌憚なく説明するとともに、必要に応じて大学等教員養成機関に改善すべき内容を伝えるなどして、教育委員会が積極的に発信して、教員の養成・採用・研修を一体のものとしていくことが必要です。

僕の夢（錦織圭）

福岡県筑紫野市立原田小学校長　**手島宏樹**

皆さん、この人を知っていますか？

そうです。テニスプレーヤへの錦織圭選手です。

錦織圭選手は、今行われている全仏オープンテニスで、優勝を目指して頑張っています。

錦織圭選手には、大きな夢がありました。

錦織圭選手が、小学校を卒業する時に書いた卒業文集を読みます。

題名は、「僕の夢」です。

「僕の夢」　　錦織　圭

この六年間で一番思い出に残ったことはテニスで日本一になったことです。練習で一生懸命やった結果が出たと思います。

全国選抜や全国小学生大会、全日本ジュニアの三つの試合で優勝しました。一試合一試合を絶対勝つぞと思ってやりました。そして、優勝まで行けた時は、とてもうれしかったです。

ぼくは、テニスのラリーが長く激しく続くところが好きです。いろいろなコースに打ち分け、深く打ったり短く打ったりします。

チャンスボールが来たとき、強いボールを打つのが好きです。決まった時にはすごく気持ちがいいです。このショットがいつも打てるように練習していきたいです。

試合に出ることで友達が増えました。友達が増えたおかげでいろいろな話をしたり、一緒に練習したりできます。それもテニスが好きな一つです。

これからはだれにも負けないように、苦しい練習も絶対あきらめずに、全力で取り組んでいこうと思います。

夢は、世界チャンピオンになることです。夢に向かって一歩一歩頑張っていきます。

錦織圭選手は、「世界チャンピオンになる」という6年生の時の夢に向かって今も頑張っています。

錦織選手の作文にあるように、自分の夢を好きになること、そして、夢に向かって努力することが大切です。

去年の4年生が、総合的な学習の時間で、自分の夢を実現するための考えをつくりました。今日は、代表してAさんに発表してもらいます。

5年3組のAさんは「保育士になる」という夢をもっています。Aさんが自分の夢をどのように実現しようと考えているか聴いてください。それでは、Aさんお願いします。

Aさんにはしっかりとした自分の夢があります。そして、自分の夢の実現のために、しっかりした考えをもっています。素晴らしいですね。発表してくれた、Aさんに大きな拍手をお願いします。

夢というものは、夢に近付こうと努力していくう

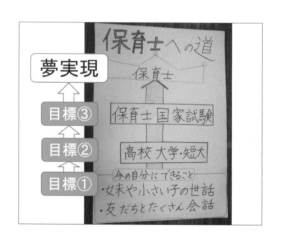

ちに、だんだんと目標に代わっていきます。

　Aさんので「保育士への道」で説明すると、妹や小さい子のお世話という身近な目標から、保育士の国家試験合格という目標に代わっています。

　Aさんのように、夢実現のための考えをつくると、きっと夢が近付いてきますよ。今年も、原田っ子924名の夢を玄関横に掲示します。自分の夢を考えておいてください。これで校長先生のお話を終わります。

■講話のねらいとポイント

　本年4月17日に柴山昌彦文部科学大臣が中央教育審議会に「新しい時代の初等中等教育の在り方について」を諮問した。その中には、「(AI、ビッグデータ、IoTなど) 急激な社会的な変化が進む中、子供たちが変化を前向きに受け止め、豊かな創造性を備え持続可能な社会の創り手として、予測不可能な未来社会を自立的に生き、社会の形成に参画するための資質・能力を一層確実に育成することが求められており、学校教育も変化していかなければなりません」と示されています。「予測困難な時代や先行き不透明な時代」と言われる令和の時代を生きてゆく子どもたち。そんな時こそ、子どもたち一人一人に夢や目標を抱かせることは大切なことではないでしょうか。本市では、「筑紫野市の未来を創る子どもを育成する学校経営」という研究主題のもと、市内11校の校長先生方と協同して学校経営研究を進めています。私は、この研修主題にあるように、子どもが未来社会を創るには、子ども自身が夢や希望、目標をしっかりもつことが大切であると考えています。本校では、昨年度からキャリア教育の一環として、「原

田っ子927名の夢の掲示」、4年生の総合的な学習の時間に「夢実現プロジェクト」を位置付け取組を進めています。

　今回の講話は、昨年度実施した「夢実現プロジェクト」で自分の夢を実現するための考えをもっている子どもに発表してもらいました。本校のキャリア教育推進のための校長の経営実践の一部でもあります。

■7月の学校経営

　7月に入り各学校では、子どもの安全面の監視や見守りの中、プールでの学習が行われています。また、梅雨の終末期を迎えるこの時期は、集中豪雨への対応に迫られることがあります。本市においても、昨年7月6日に短時間のうちに運動場が冠水したり、地域の方からA方面の道路が冠水し始めていますなどの情報が寄せられ、児童の下校時における安全確保の対応で苦慮したことがありました。本年度は、児童の安全確保と集中豪雨対応として、4月のPTA総会の後に引き渡し訓練を実施しました。ほとんどの保護者が総会終了後に、各教室をまわり子どもさんの引き渡しにご協力をいただきました。いざ事態が発生した時のクライシスマネジメントの対応も大事になりますが、「備えあれば憂いなし」という言葉があるように、集中豪雨や熱中症など天候に関する様々な対応については、想定内の範囲で検討しておくこと、リスクマネジメントに日頃から心須掛けておくことが大切だと思います。

　7月も、子どもの安全を最優先する「校長の決断」が求められる時期になります。

落語家 林家たい平

　新宿末廣亭という寄席で夜席のトリを務めていた時のことです。夜席は5時開演、9時終演という長丁場。私の出番は8時30分。楽屋入りは意外とギリギリで、7時50分頃です。いつもどおりに楽屋入りすると早くから楽屋に入っている先輩師匠方が、火鉢を囲んで何やら話をしています。私も、その会話の中に入らせてもらうと、どうやら客席の左側にある桟敷席に小さい子供が2人いて、長い時間で飽きてしまったのか、眠くなってしまったのか落ち着かない様子。それを他のお客様に迷惑にならないように、お母さんが諭しているというのです。「それが気になってしまって、落語間違えちゃったよ」なんていう風に話していました。こういう会話は楽屋ではよくあることです。そう、野球の時など、前のバッターが三振してベンチに下がって来る時に、次のバッターとひと言ふた言すれちがいざまに会話を交わす場面を目にしますよね。ストレートが伸びてるとか、カーブに手を出してはいけないとか。私たちの世界も同じで、お客様の様子や、どういう噺の方が喜んでくださるか、年齢層などをやりとりして、自分の演目を決めて高座に上がるんです。お客様からよく「今日どの噺をするかは、朝とかに決めるんですか？」と聞かれますが、寄席は違うんです。自分の前の演者のネタが決まってから、考えるんです。昼夜合わせて30席近い落語が演じられますから、似たような噺はしてはいけないと楽屋のルールで決められているんです。

一期一会を大切に

　落語家になって最初に師匠から教えられる言葉があります。「落語家に上手も下手もなかりけり、行く先々の水に合わねば」。毎日違うお客様に、いかに心を寄り添わせて喜んでいただくか、それを考えることが一番大事だという意味です。

　小さい子供たちを居ないことにして、噺を進めていくことも他のお客様を喜ばせる一つの手段でしょう。私は考えました。客席の誰からも見える桟敷席の前に居るということは、お客様すべてが判っているということ。もう一つは、私が出て来るのを待っているということ。心は決まりました。高座に上がってすぐに子供たちに話しかけました。どうして来てくれたのか、誰と来てくれたのか、眠くないか。上のお姉ちゃんが2年生くらい、妹が幼稚園くらい。「お母さんと、おじいちゃん、おばあちゃんと来ました。たい平さんの『こども落語』という本を読んで来ました」と答えてくれました。子供たちが来てくれたから作れる時間。大人のお客様も巻き込みながら、もう二度とできない"一期一会"の30分。落語もちゃんと味わってもらいました。ケラケラと子供たちの笑い声が響く素敵なひとときでした。

　終演後、表に出ると、まだそのご家族がいらしたので、寄席の前で一緒にパチリ。落語が好きになってくれたら嬉しいです。そして2人が大人になった時、また会えたら嬉しいです。

●Profile●

昭和63年林家こん平に入門。平成12年に真打昇進し、第58回芸術選奨文部科学大臣新人賞など受賞多数。平成22年に母校である武蔵野美術大学の芸術文化学科客員教授、平成26年には（一社）落語協会理事に就任。
明るく元気な林家伝統のサービス精神を受け継ぎながらも、古典落語を現代に広めるために努力を続け、落語の楽しさを伝えている。たい平ワールドと呼ばれる落語には老若男女数多くのファンを集め、独演会を中心に全国でも数多くの落語会を行っている。落語の伝道師としてこれからの落語界を担う、今もっとも注目を浴びる落語家。
現在、日本テレビ「笑点」大喜利メンバー、同「ぶらり途中下車の旅」などにレギュラー出演中。

新しい学習指導要領が描く「学校」の姿とは──。
明日からの「学校づくり」に、その課題と方策がわかる!

次代を創る
「資質・能力」を育む
学校づくり

全3巻

吉冨芳正（明星大学教育学部教授）【編集】

A5判・各巻定価（本体2,400円＋税）送料300円
　　　セット定価（本体7,200円＋税）送料サービス

■巻構成

第1巻　「社会に開かれた教育課程」と新しい学校づくり

第2巻　「深く学ぶ」子供を育てる学級づくり・授業づくり

第3巻　新教育課程とこれからの研究・研修

次代を担う子供を育む学校管理職・次世代リーダーのために──。
学校経営上押さえるべきポイントを、卓越した切り口で解説!

*学校の明日を拓く
リーダーズ・ブック!*

○新学習指導要領は「どう変わるか?」では対応しきれません。

○次代を担う子供を育む「学校」「学級」「授業」には、構造的な改善が求められます。

○本書は、精選した切り口・キーワードから課題と方策を明示。明日からの学校経営をサポートします。

管理職試験対策にも必備!

新課程の課題の最終チェックはこのシリーズで！

●2030年の社会に向けた新・学校像を徹底考察
第1巻 「社会に開かれた教育課程」と新しい学校づくり

第1章	これからの学校づくりと新学習指導要領	吉冨芳正	（明星大学教授）
第2章	中央教育審議会答申を踏まえた新たな学校経営課題	寺崎千秋	（一般財団法人教育調査研究所研究部長）
第3章	「社会に開かれた教育課程」の実現 ――「総則」を学校づくりの視点から読む――	石塚　等	（横浜国立大学教職大学院教授）
第4章	次代の子供を育てる学校教育目標	天笠　茂	（千葉大学特任教授）
第5章	「カリキュラム・マネジメント」で学校を変える	赤沢早人	（奈良教育大学准教授）
第6章	「チーム学校」で実現する新教育課程 ――これからの組織マネジメント――	浅野良一	（兵庫教育大学教授）
第7章	地域との新たな協働に基づいた学校づくり	佐藤晴雄	（日本大学教授）
第8章	小中連携・一貫教育を新教育課程に生かす	西川信廣	（京都産業大学教授）
第9章	特別支援教育への新たな取組み	安藤壽子	（NPO法人らんふぁんぷらざ理事長・元お茶の水女子大学特任教授）
第10章	メッセージ：新たな学校づくりに向けて	岩瀬正司	（公益財団法人全国修学旅行研究協会理事長・元全日本中学校長会会長）
		若井彌一	（京都光華女子大学副学長）

●一人一人の学びの質をどう高め、豊かにしていくか。多角的に解説
第2巻 「深く学ぶ」子供を育てる学級づくり・授業づくり

第1章	新学習指導要領が求める子供像	奥村高明	（聖徳大学教授）
第2章	中央教育審議会答申と授業づくりの課題	髙木展郎	（横浜国立大学名誉教授）
第3章	「深い学び」を実現する授業づくりの技法	田中博之	（早稲田大学教職大学院教授）
第4章	「社会に開かれた教育課程」を実現する単元構想	藤本勇二	（武庫川女子大学講師）
第5章	授業改善につなぐ学習評価の在り方	佐藤　真	（関西学院大学教授）
第6章	次代を創る資質・能力の育成と道徳教育・道徳科	貝塚茂樹	（武蔵野大学教授）
第7章	次代を創る資質・能力の育成と特別活動	杉田　洋	（國學院大学教授）
第8章	学校図書館の機能を生かした学習活動や読書活動の充実	佐藤正志	（元白梅学園大学教授・日本学校図書館学会副会長）
第9章	教育課程の基盤をつくる学級経営	宮川八岐	（城西国際大学非常勤講師）
第10章	新教育課程と一体的に取り組む生徒指導・教育相談	嶋﨑政男	（神田外語大学客員教授）
第11章	メッセージ：これからの授業づくりに向けて	髙階玲治	（教育創造研究センター所長）
		向山行雄	（帝京大学教職大学院教授）

●次代の学校を担う教師集団とは。力量形成のポイントを提示
第3巻 新教育課程とこれからの研究・研修

第1章	新学習指導要領で変わる校内研究・研修	村川雅弘	（甲南女子大学教授）
第2章	カリキュラム・マネジメントの研究・研修と実践課題	吉冨芳正	（明星大学教授）
第3章	資質・能力の育成を実現する単元構想の追究	奈須正裕	（上智大学教授）
第4章	「主体的・対話的で深い学び」を実現する授業研究	藤川大祐	（千葉大学教授）
第5章	新教育課程の軸となる言語能力の育成と言語活動の追究	田中孝一	（川村学園女子大学教授）
第6章	「考え、議論する道徳」指導と評価の工夫の追究	林　泰成	（上越教育大学教授）
第7章	9年間を見通した外国語活動・外国語科 ――カリキュラムと学習活動の工夫の追究――	菅　正隆	（大阪樟蔭女子大学教授）
第8章	「資質・能力」の育成を見取る評価方法の追究	西岡加名恵	（京都大学大学院教授）
第9章	アクティブな校内研修への転換	野口　徹	（山形大学准教授）
第10章	メッセージ：新教育課程に挑む教師たちに向けて	新谷喜之	（秩父市教育委員会教育長）
		古川聖登	（独立行政法人教職員支援機構事業部長（併）次世代型教育推進センター副センター長）

＊職名は執筆時現在です。

●お問い合わせ・お申し込み先
㈱ぎょうせい
〒136-8575 東京都江東区新木場1-18-11
TEL：0120-953-431／FAX：0120-953-495
URL：https://gyosei.jp

教育長インタビュー
次代を創る
リーダーの戦略
II
［第3回］

有田千尋 氏
寿都町教育長

「公設民営塾」で目指す
高校魅力化と「つながりのある」教育

　小樽から南西に車で2時間弱の小さな港町・寿都町。ここも人口減少と少子高齢化の波に見舞われており、町内にある道立高校も受験者確保に悩まされているという。そこで同町では、学力向上による高校魅力化を目指し、公設民営塾を立ち上げた。さらに、校種間を連携させた英語教育やプログラミング教育、乳幼児期からの読書活動など、0歳から18歳までの切れ目のない教育に取り組んでいる。行政出身の教育長が目指す寿都の教育とは何か。有田千尋教育長に聞く。

● 教育長インタビュー ●

高校再生を見据え
公設民営塾を開設

——公設民営塾を導入されています。

　寿都町では、昨年から「寿都町公設民営塾」を開設し、本町にある寿都高校の生徒や、本町及び近隣の中学生を対象に学習への援助を行っています。冬休み期間の進学対策などを行ってきましたが、本年度からは通年開設とし、現在は放課後や長期休業中の様々な学習のサポートを実現できるようになりました。

　「寿都町公設民営塾」では、「一人ひとりに一つひとつのオーダーメイドの個別指導」をうたい、個別指導室、自習室、映像授業室、面談室などを整備し、専属のスタッフによって、カウンセリングから個別カリキュラムの作成、定期的な面談などを行いながら、子どもたちの日々の学習をサポートしています。開講時間は平日15時から22時、土曜日は10時から18時となっています。1コマ120分を月8回まで受けられることになっていますが、自習は自由に行え、適宜スタッフの指導・助言なども得られるようになっています。利用料は月5000円となっています。

　塾の指導内容は、進学対策をはじめ、公務員や看護師などの就職試験にも対応できるよう、一人ひとりの学力や進路に合わせた個人指導やタブレットを使った映像指導などとなっています。

——公設民営塾開設の背景は。

　町の人口は20年前の4000人から、現在では3000人を割り込み、高齢化率も40％を超え、少子高齢化が進んでいます。このことから、寿都高校の入学者確保も年々難しくなっているのが現状です。寿都高校は、これまで国公立大学や国家公務員への進学・就職など、南後志地域唯一の道立高校として成果を上げてきましたが、こうした背景を受け、寿都高校を「学力」によってより魅力的な高校としていこうということから、子どもたちの卒業時の夢を実現するための支援の場として公設民営塾を開設することになったわけです。

　学習機会の向上によって、学習意欲が芽生え、苦手分野を克服したりすることを通して、寿都高校から志望校への進学や就職が可能になるということを町内外に発信していきたいと考えています。

——なぜ道立高校への支援をするのですか。

　町の子どもたちは町で育てたいとのことから、幼児期からの切れ目のない育ちが実現できるよう

寿都町公設民営塾

自習室

● 教育長インタビュー ●

にしたいと考えています。そのためには、義務教育のみならず、保育や高校も連携させた、つながりのある教育が必要だと思っています。地元に高校があることによって、親元から離れて高校生活を送ることの精神的負担や、町外に通わせることの保護者の負担の軽減にもつながればと思っています。

英語とプログラミング教育に力点

——新学習指導要領への対応は。

本町では、特に英語教育とプログラミング教育にはしっかりと対応していきたいと考えています。

英語教育については、グローバル化が進む社会の中で必要と思われる力を身に付けさせたいとのことから、平成19年より小学校段階からの英語教育を導入し、教員の加配もいただきました。また、その後の学習指導要領の改訂を受け、平成26年度には文部科学省より「外国語（英語）教育強化地域拠点事業」の指定を受け、小学校低学年からの英語教育にも取り組みました。これについては、高校までの英語教育を視野に、「なめらかな接続」を図る観点から、小・中・高が連携して取り組んできたところです。このように早い時期から、小学校段階からの英語教育についてのノウハウの蓄積や指導教員の確保ができたために、現在では、学習指導要領への対応についての体制が整ってきていると思います。今後は、来年度からの全面実施を見据え、より一層、質の高い英語教育を目指して研究・研修を重ねていきたいと考えているところです。

プログラミング教育については、道立教育研究所から講師を招聘したり、道内外の研修機会を活用して、プログラミング教育についての考えや実際について、実践的な研修を進めているところです。学校現場にはできるだけ負担なくスムーズに取り組める環境をつくっていきたいと考えています。

さらに、プログラミング教育をはじめとしたICT教育を進めていくために、本町では各学校の全ての教室・体育館などにWiFi環境を整えることにしました。特別教室のみで使えるネットワークでなく、校内にいればどこでもWiFiが使えることで、より幅広いICT活用が進められることになります。

このように、新学習指導要領への対応については、実践的な指導・支援とともに、それを実現できる環境整備が教育委員会として大切なことであると思っています。

子どもの育ちをつなぐ読書活動

——読書活動にも力を入れています。

読書活動については、平成22年度に策定した「寿都町子ども読書活動推進計画」に基づき、学校教育と社会教育の両輪で進めています。

学校教育については、朝の時間に、学校支援地域本部に登録していただいているボランティアによる週2回の読み聞かせやブックトークを行っています。その他の日には、校内一斉読書に取り組んでいます。

また、町文化センターの図書室による移動図書では、希望する本を各校に30冊程度貸し出し、学

校の図書室に展示してもらうなど、本が身近に感じられるような環境整備にも取り組んでいます。

社会教育については、0歳から保育園に入るまでの期間を対象に保護者による読み聞かせを奨励するためブックスタートを行っています。3か月検診時などに本の贈呈や読み聞かせ方の講習などを行い、家庭教育の一助にしてもらおうと考えています。

また、地域での読書ボランティア活動を推進することから、図書室を活用した読書機会の充実、家読のすすめなどに取り組んでいます。

読書ボランティアに対しては、NPOなどの協力を得て、読み聞かせの実演など、研修の機会を設けたりしながら、ボランティアの力量向上も図っています。

情操教育は、家庭教育においても学校教育においても土台となる大切なものと考えています。読書は子どもの心身の成長につながるものであり、乳幼児期から学齢期まで切れ目のない子どもの成長につなげたいとのことから、力を入れている取組となっているのです。

すべては子どものために

——教育にかける思いを。

すべての子がこの町で育ち、巣立ってほしいというのが願いです。現在、寿都高校の存続を念頭におき、小中校連携推進委員会を設置して小・中・高が連携しながらそれぞれの立場で教育の質の向上を目指しながら、高校卒業時の夢がかなえられる環境をつくることに取り組んでもらっています。

寿都町の子どもたちは、素直さと優しさをもち合わせている一方、社会に出たときに耐えられる精神力を育てることが課題と言われています。学力を向上させることと同時に、自らの成長に向けて頑張れる芯の強い子を育てるために保護者、学校、行政が連携しながら子どもの教育に当たることが求められているのです。

——今後の抱負は。

学校経営や授業づくりについては、現場の先生方の経験や知恵を生かして進めていきたい。私が行政畑の経験を生かせる部分としては、環境づくりになると思います。できるだけ広い視野から、課題を解決するための環境整備に努めていきたいと考えています。

究極には「子どものため」が教育の神髄だと思います。その目的を外すことなく、様々な立場の人たちが連携協力して子どもたちを育てていく環境づくりに、これからも取り組んでいきたいと思っています。

（取材／編集部　萩原和夫）

Profile

ありた・ちひろ　昭和30年生まれ。49年北海道寿都高校卒業後、寿都町役場に奉職。農務課、総務課、教育委員会（社会体育）、企画振興室、税務課、住民福祉課を経て、平成19年より町民課長。27年10月より現職。

ONE THEME FORUM
ワンテーマ・フォーラム

現場で考えるこれからの教育

■今月のテーマ■

地域を生かす学校づくり・授業づくり
東北からの発信

未曾有の被害をもたらした東日本大震災から8年。
復旧から復興、再興へと進む東北の姿は、学校現場にも少なからず反映されるものとなっています。
それは、学校と地域とのつながりの再確認となり、
地域を足場とした新たな学校教育の創造につながっています。
今月は、「地域を生かす学校づくり・授業づくり」をテーマに、
地域とつながる学校づくり、授業づくりをどのように捉え実践していくか、
東北の学校の頑張りを発信してもらうこととしました。

■ご登壇者■

仙台市立榴岡小学校長	猪股　亮文	先生
宮城教育大学教職大学院准教授	大沼あゆみ	先生
福島県郡山市立金透小学校教諭	加藤與志輝	先生
仙台市立片平丁小学校教諭	山田　麗圭	先生
宮城教育大学教授	吉村　敏之	先生

ONE THEME FORUM
ワンテーマ・フォーラム
地域を生かす学校づくり・授業づくり—東北からの発信

学校支援地域本部を要に地域を生かす学校づくり

仙台市立榴岡小学校長　**猪股亮文**

　5398人。この数字は、昨年度、学校支援ボランティアとして、教職員と心を一つに、本校の子供たちの学びを支援してくださった保護者や地域の方々の延べ人数である。こうしたボランティアの方々の力添えもあり、「新しいことが分かるようになるのは楽しい」「なぜだろう？　と不思議に思うことがたくさんある」といった考えをもつ子供たちの割合が、各学年で9割を超えるなど、長年にわたり本校が取り組んできた「地域を生かす学校づくり・授業づくり」の成果が、子供たちの学びの質の高まりとなって表れてきている。

　学校内外を通じて、子供をよりよく育むことを目指す、三者による教育活動の連携・協働の要となっているのが、「子供たちの応援団　榴岡小学校学校支援地域本部」である。本校の「学校支援地域本部」は、子供たちの豊かな学びと体験の充実を図るために、平成20年度に立ち上げられ、今年度で11年目を迎える。

　今年度も、本校では、「学校支援地域本部」を要としながら、子供に育成すべき資質・能力を培う学びの質を高めるために、学校・家庭・地域の三者が一体となり、実社会や実生活とつながりのある活動や体験を充実させていく体制の構築を図っている。体制構築に際して、校長として最も腐心していることは、教職員・保護者・地域の方々から支持され、共有したいと思える重点目標（最重要課題）と、目標実現のためのプロセスを明示した「グランド・デザ

イン」を策定、提示することである。私は、「グランド・デザイン」策定に当たり、子供・教職員・保護者・地域住民の四者が自校の進むべき進路を共有し、チームの一員として協働し、それぞれの役割を果たすことができるように、共通の目的及び目標を明示するまでのプロセスを丁寧に進めることを最も大切にしている。今年度は、脳のコンディションを整える生活習慣づくりを基底に据え、学校生活を楽しくする「人間関係形成力」を強化し、実社会や実生活に生きる「主体的に考え、表現、行動する力」を四者協働で培うことを提示し、四者がそれぞれの取組を始めたところである。子供たちの学びの質を高める「地域を生かす学校づくり・授業づくり」具現の成否の鍵は校長が示す「グランド・デザイン」にある。

学校支援地域本部を要とする三者協働

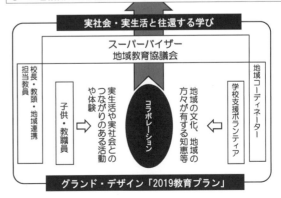

ONE THEME FORUM
ワンテーマ・フォーラム
地域を生かす学校づくり・授業づくり―東北からの発信

ふるさと「閖上（ゆりあげ）」と子どもたちを結び付けてくれたもの

宮城教育大学教職大学院准教授（前宮城県名取市立閖上小学校教頭）　大沼あゆみ

　平成27年度から28年度までの2年間、宮城県名取市立閖上小学校に勤務させていただいた。私にとって、初めて教頭として2年間を過ごした思い出深い学校でもある。東日本大震災で被災した閖上小は、当時、名取市の内陸にある不二が丘小学校の一部を借りて生活していた。

　決して整った環境とはいえなかったが、子どもたちは素直な態度で学校生活を送っていた。ここ不二が丘の地で、閖上の子どもたちは日々頑張っている。しかし、そのことに子ども自身、そして先生方も気付いていないかもしれない。まず、自分たちのよさを自覚させたい。そして、閖上小の取組を発信していきたいと感じるようになった。

　発信の核になったのは、総合的な学習の時間である。この学習が震災で失われた地域と子どもたちを結び付けてくれていると確信したのは、6年生が取り組んだ「閖上太鼓」の足跡からである。

　6年生の担任は夏休み前から研修会に参加して学習の準備をしていた。2学期になると、教室からバチの音が聞こえてくるようになった。保存会の方から直接指導を受けるなど、子どもたちの学習も本格化していった。学校は練習会の設定や大漁旗の借用等の環境整備と、個々の子どもの学習状況を把握することに努めた。

　学習発表会の当日、大漁旗が見守る体育館で6年生の子どもたちは堂々と演技した。その後、5年生にも引継をして、一連の学習を終えた。学びを通して、多くの気付きが生まれた。その一部を紹介したい。

〔本番に向けて（児童A）〕今、閖上の新しい学校を造ってくれている人へ感謝の気持ちと今まで迷惑をかけてきた親への感謝の気持ちを込めてたたきたい。
〔引継をして（児童B）〕教えるということは、自分達はもうやらない、やれない方へと進んでいるので、少し寂しいです。
（下線は筆者による）

　「閖上太鼓」を学んだことが、保護者への感謝の気持ちをもつこと、教えることと自分とのかかわりを考えることにつながっていることが分かる。この思いが、自己の生き方を考えることにも発展していくものと期待される。

　閖上に息づく「伝統」と「それを支える人々」が地域と子どもたちを結び付けてくれている。「閖上太鼓」が子どもの心を耕し、ふるさとの香りを届けてくれるきっかけをつくってくれた。閖上地区だけでなく、不二が丘地区の人々も子どもたちの思いを受け止めてくれたことで「閖上太鼓」は学校の柱になっていった。

　私は平成29年度から宮城教育大学教職大学院に勤務させていただいている。この取組を担当授業でも紹介し、地域に根ざした子どもの学びを考える資料としている。閖上中とともに義務教育学校として新たなスタートを切った閖上小。「閖上太鼓」がどのように継承されていくのか、今後も見守っていきたい。

閖上太鼓の演奏

ONE THEME FORUM
ワンテーマ・フォーラム
地域を生かす学校づくり・授業づくり―東北からの発信

地域とともに子どもを育てる

福島県郡山市立金透小学校教諭 　加藤與志輝

　「学校の生命は授業」――。この理念を基に、本校では研究主題「ともに学び育つ」を掲げ、副主題を「問いをつなぎ、深い学びを育む授業の創造」として、互いの考えや意見を紡ぎ合う中で、自らの学びを深めていく"子ども主体の授業づくり"を追究しています。毎年、研究の一端を公開して、参観者の皆様からのご意見を研究の深化に生かしています。

　本校は、市の中心市街地に位置し、周辺には商店街が軒を連ね、歴史ある老舗や専門店が数多くあります。この地域の特性を生かして、私の担任する第2学年生活科では、「自分たちの住む町のことをよく知り、町の魅力や自分とのかかわりに気付く」ことをねらい、地域の人と直接かかわる体験を通して、課題を追究する活動を設定しました。「町のお店の人たちは、どんな思いで働いているの？」という問いをきっかけに、子どもたちは町の様々なお店を訪れ、お店の人に話を聞き、仕事体験をさせてもらいました。お店の方々は親身に対応してくださり、自分の仕事や地域への思いを伝えてくれました。子どもたちは、体験で得た学びを伝え合う中で、「仕事は違っても、お客さんや町のことを大切に思って懸命に働いていることは同じ」であることに気付き、自分たちの住む町への愛着や地域の人に対する親しみを高めていったのです。

　子どもたちは、地域の人と直接かかわり合い、体験を通して課題を追究する活動を進める中で、各教科等や実生活で獲得した学びを総合的に発揮しなければならない場面とたくさん出合います。そこでは、相手の話を聞いて多様な考え方にふれたり、自分の思いや考えを相手に伝えたりして活動する必要性が生まれます。このことは、人間関係形成力や課題対応能力といったキャリア教育を促すことにもつながります。自らの実践を通して、地域と学校が協働・連携した教育活動は、子どもが自らの未来を主体的に切り拓いていくために必要な資質・能力を豊かに育むことができる可能性を存分に秘めていることを実感できました。

　「地域とともに子どもを育てる」という視点で、教科等横断的にカリキュラム・マネジメントしていくことも、本校が目指す深い学びを育む授業への有効なアプローチになると考えています。研究主任として、地域との協働・連携を推進するためのビジョンについて全教職員と共有化を図るとともに、各教科等における指導内容をどのようにつなぐと深い学びを育むことができるのかについて検討を重ねていかなければなりません。また、学校と地域をつなぐパイプ役として地域の方々と積極的にコミュニケーションをとり、地域を生かした授業づくりに必要な人的・物的リソースの発掘や活用のための体制を整備していくことも重要な役割であると捉えています。校内研修の質的な充実を通して、教師も子どもや地域と「ともに学び育つ」ことができるよう尽力していきます。

ONE THEME FORUM
ワンテーマ・フォーラム
地域を生かす学校づくり・授業づくり―東北からの発信

地域に学び本気の追究を生み出す総合的な学習を目指して

仙台市立片平丁小学校教諭　**山田麗圭**

　学級担任として、日頃から地域に目を向けることを意識している。その地域の「ならでは」を見付けるのである。平成31年度、長期研修員として取り組んだ、小学校第3学年総合的な学習の時間「発見！片平だけの宝物」の実践では、児童の興味・関心をよりどころとする地域素材を教材として扱った。探究課題は、
- 町づくりや地域活性化のために取り組んでいる人々や組織とその思い
- 個人商店のよさとそれを生かした生活の豊かさ

であり、父の代から続いている和菓子店、東北地方で唯一の柿の葉ずし専門店、この地域の景色が気に入って始めた珈琲店の三つを素材として取り上げた。単元の始まりは「地域の秘密を見付けに行く」という目的で、3年生全員で地域を歩き、3人の店主との出会いの場を設定した。「学校まで流れてくる香りはまめ坊（珈琲店）からだったのか」「柿の葉ずしの専門店は東北で萬葉だけなんだね」というような、新たな気付きが見られた。以下の文章は、振り返りカードの記述（一部抜粋）である。

> 一見普通の町なのですが、よく調べるとすごい人がたくさんいて、「一つの店にこんなに秘密があったなんて」ということがたくさんあった。宝島みたいだった。

　また、3人の店主以外にも地域の町内会長Kさんとも継続的に関わりをもった。自分たちの考えた「地域マーク」に対して、K会長からの「まだ認められません」という返答には、一瞬教室が凍り付いた。地域をもっと盛り上げたいという思いで、やっとの思いで完成させた片平マークだったため、児童にかなりの衝撃を与えた。しかし、その後児童は「もう一度考え直そう」という思いに至る。以下は、その時間の振り返りカードの記述（一部抜粋）である。

> K会長に認められないと言われ、心でどうしてだろうとずっと悩みました。だけど、その理由がはっきりしました。なので、その後もみんなでひたすら悩みました。私は、まず文字（「片平」）を入れたいと思いました。英語か平仮名かは置いておいて、外国人や子供が（中略）。早くK会長が認めるようなマークを完成させたいです。

　これは、K会長が地域を愛していること、K会長が自分たちのためにいつも全力で協力してくれること、継続的な関わりの中で生まれたK会長への思いが根底にあるからこそ、児童はさらなる課題に向かおうという意思をもったのだと考える。
　総合で取り上げる素材は、地域の素材であれば何でもよいというわけではない。今回関わってくださった3人の店主とK会長は、児童にとって単に身近な存在であるだけではなく、繰り返しの関わりと、本気の学びを約束してくれた。児童の思いの実現の繰り返しは、地域によって実現され、主体的に学ぶ意欲が生まれ、つながり、持続し、本気の探究を生み出してくれた。

ONE THEME FORUM
ワンテーマ・フォーラム
地域を生かす学校づくり・授業づくり―東北からの発信

東北の地に根ざした教育実践を創る
「現実」に向かい、「事実」を重んじ、「真実」を求める

宮城教育大学教授 吉村敏之

　昨年2018年を「明治150年」とした政府の喧伝に対し、東北地方では「戊辰150年」として、1868年以降の日本の歩みを見直す動きがあった。戊辰戦争で敗れた東北に対して藩閥政府のとった冷遇策が、未だに尾を引いている。寒冷地で、勤勉な民衆が、食料生産、労働力提供、電力供給などに励み、日本の近代化や経済成長を支えた。しかし、劣悪な政治が、巨大地震と原発事故、人口減少と高齢化率増加、産業の衰退など、東北地方の課題をより深刻にした。貧困などの苦悩を抱え、将来への展望が開けない子どもも少なくない。厳しい現状において、まず、東北の教師は、子どもが生きる地域の「現実」と向き合うところから出発する必要がある。

　困難な現実に立ち向かう指針として、東北の先人たちが遺したすぐれた教育実践を生かせる。

　一つ目は「生活綴方教育」である。1930年代、冷害と不況で極貧生活にあえぐ子どもが、生きる意欲をもてるよう、秋田の成田忠久、佐々木昂、加藤周四郎ら「北方教育社」に集った教師たちが尽力した。綴方（作文）を書き、現実（reality）を見つめ、学級集団の力を結集し、生活の課題に迫る教育を目指した。1934年には、山形の国分一太郎、宮城の鈴木道太らと一緒に「北日本国語教育連盟」を結成した。東北の教師たちが一丸となって、綴方を手がかりにし、子どもに生きる力を培おうとした。

　二つ目は、地域の「事実」を踏まえた、生活の発展を目指す、カリキュラム編成である。及川平治［宮城出身、兵庫県明石女子師範学校附属小学校で「分団（グループ）」や「生活単位」による学習を推進］が、1936年に、仙台市教育研究所長として、地域社会の改善につながるカリキュラムの創造に着手した。地域の事実（fact）の調査を重視した。敗戦後は、全国に先駆け、福島県郡山市立金透小学校の教師たちが、民主主義社会の樹立にむけて、コア・カリキュラムを実践し、成果を示した（1949年）。

　三つ目は、学問・芸術の「真実」を追求する、質の高い授業の創造である。1950年代後半から、国家による教育への統制が強まる中、東北の教師たちは、真実（truth）を追求する、教材や授業の研究を進めた。子どもに「真の学力」を形成しようと努めたのである。1970年代前半には、宮城教育大学において、林竹二学長のもとで、授業研究が展開された。群馬県島小学校長として「未来につながる学力」を育む実践をした斎藤喜博が活躍した。岩手出身の高橋金三郎は、科学教育の質の向上を図った。林の思想を標として、青森の小学校長であった伊藤功一は、学問を根拠とする「深い授業」を求め続けた。

　多くの課題を抱えた東北地方の教師たちは、学校の内外で研究集団を組織し、目の前の子どもたちの成長を支えた。先人たちによって積み重ねられた実践が、日本の教育に希望の光をもたらすであろう。「現実」と向き合い、子どもと地域の「事実」を踏まえて授業を創る教師が、教育の「真実」を生み出す。

全面実施まであとわずか！

新学習指導要領を「実践」につなぐ
授業づくりの必備シリーズ

平成29年改訂

小学校教育課程実践講座
全14巻

Ａ５判・各巻220頁程度・本文２色刷り

各巻定価　（本体 1,800 円＋税）　各巻送料300円
セット定価（本体 25,200 円＋税）　セット送料サービス

【巻構成】
●総　則　　●国　語　　●社　会　　●算　数
●理　科　　●生　活　　●音　楽　　●図画工作
●家　庭　　●体　育　　●外国語活動・外国語
●特別の教科 道徳　　　●総合的な学習の時間
●特別活動

平成29年改訂

中学校教育課程実践講座
全13巻

Ａ５判・各巻220頁程度・本文２色刷り

各巻定価　（本体 1,800 円＋税）　各巻送料300円
セット定価（本体 23,400 円＋税）　セット送料サービス

【巻構成】
●総　則　　●国　語　　●社　会　　●数　学
●理　科　　●音　楽　　●美　術　　●保健体育
●技術・家庭　●外国語　　●特別の教科 道徳
●総合的な学習の時間　　●特別活動

ここがポイント！

□ **信頼・充実の執筆陣！**　教科教育をリードする研究者や気鋭の実践者、改訂に関わった中央教育審議会の教科部会委員、学校管理職、指導主事ら充実のメンバーによる確かな内容です。

□ **読みやすさ・使いやすさを追求！**　「本文２色刷り」の明るく読みやすい紙面デザインを採用。要所に配した「Q＆A」では、知りたい内容に即アプローチしていただけます。

□ **授業事例や指導案を重点的に！**　「資質・能力の育成」や「主体的・対話的で深い学び」を授業の中でどう実現させるか？　実践に直結する授業事例や指導案を豊富に紹介します。

学習指導要領を
「現場視点」で読み解き
「授業」に具体化する
新教育課程サポートブック
――堂々ラインナップ！

[平成29年改訂 小学校教育課程実践講座（全14巻）◆編著者]

- ●総　　則　　　　　　天笠　　茂　　千葉大学特任教授
- ●国　　語　　　　　　樺山　敏郎　　大妻女子大学准教授
- ●社　　会　　　　　　北　　俊夫　　国士舘大学教授
- ●算　　数　　　　　　齊藤　一弥　　高知県教育委員会事務局学力向上総括専門官
- ●理　　科　　　　　　日置　光久　　東京大学特任教授・前文部科学省初等中等教育局視学官
- ●生　　活　　　　　　朝倉　　淳　　広島大学教授
- ●音　　楽　　　　　　宮下　俊也　　奈良教育大学理事・副学長
- ●図画工作　　　　　　奥村　高明　　聖徳大学教授
- ●家　　庭　　　　　　岡　　陽子　　佐賀大学大学院教授
- ●体　　育　　　　　　岡出　美則　　日本体育大学教授
- ●外国語活動・外国語　　菅　　正隆　　大阪樟蔭女子大学教授
- ●特別の教科　道徳　　押谷　由夫　　武庫川女子大学教授
- ●総合的な学習の時間　　田村　　学　　國學院大學教授
- ●特別活動　　　　　　有村　久春　　東京聖栄大学教授

[平成29年改訂 中学校教育課程実践講座（全13巻）◆編著者]

- ●総　　則　　　　　　天笠　　茂　　千葉大学特任教授
- ●国　　語　　　　　　髙木　展郎　　横浜国立大学名誉教授
- ●社　　会　　　　　　工藤　文三　　大阪体育大学教授
- ●数　　学　　　　　　永田潤一郎　　文教大学准教授
- ●理　　科　　　　　　小林　辰至　　上越教育大学大学院教授
- ●音　　楽　　　　　　宮下　俊也　　奈良教育大学理事・副学長
- ●美　　術　　　　　　永関　和雄　　武蔵野美術大学非常勤講師
- ●保健体育　　　　　　今関　豊一　　日本体育大学教授
- ●技術・家庭〈技術分野〉　古川　　稔　　福岡教育大学特命教授
- 　　　　　　〈家庭分野〉　杉山久仁子　　横浜国立大学教授
- ●外国語　　　　　　　菅　　正隆　　大阪樟蔭女子大学教授
- ●特別の教科　道徳　　押谷　由夫　　武庫川女子大学教授
- ●総合的な学習の時間　　田村　　学　　國學院大學教授
- ●特別活動　　　　　　三好　仁司　　日本体育大学教授

小学14巻、中学13巻、全て好評発売中!!
担当教科と「総則」をセットで揃えて頂くのが
オススメです!!

【ご注文・お問い合わせ先】
㈱ぎょうせい

フリーコール	0120-953-431	［平日9～17時］
フリーFAX	0120-953-495	［24時間受付］
Webサイト	https://shop.gyosei.jp	［オンライン販売］

講座
単元を創る
[第3回]

単元を創る出発点

島根県立大学教授
高知県教育委員会事務局学力向上総括専門官
齊藤一弥

■summary■
学習指導要領の読み込み、子供の見方・考え方の成長を基盤に据えて、何をどのように教えたらよいのかを明確にした上で、教科書という良質の参考書を有効に活かしながら、単元を描くことが教師にとって大切な仕事である。

単元は「ある」のか、「創る」のか

　かつて経験の浅い教師に「単元をどのように創っているのか」と問い掛けた際に、「教科書どおりです」と即答され、逆に「単元は創るものなのですか」と問い返されることが多々あった。教科書が示すように「単元はある」のが当たり前であって、教師が「単元を創る」といった発想はないというのだ。もちろん、教科書に示された単元の多くは、先輩教師たちが丁寧に実践された履歴としての結果であり、どの学級でも実践し易いように磨き上げられたものである。そこには学習指導要領と目の前の子供の育ちを踏まえた先達の知恵と工夫が詰まっているのだから、先のように躊躇せず答えるのはある意味当然なことであり、改めて教科書に示された単元の存在の大きさを確認することになる。

　しかし、本来単元とは、各学校の教育課程に基づき教師一人一人が学習指導要領に示された内容を適切に解釈し、その主旨の内容理解をした上で、目の前の子供の興味・関心等によって、最適な形で描かねばならない。教科書という良質の参考書を有効に活かしながら、単元を創ることは教師にとって大切な仕事なのである。

単元づくりのスタートライン
学習指導要領の読み方

　では、単元を創るためには、どのような手続きを踏まえていけばよいのだろうか。まずは、学習指導要領および解説書の解釈である。これによって教科等指導の基本を確認することから始めたい。

　例えば、中学校の理科に「身の回りの物質」の性質を探る学習がある。学習指導要領解説理科編の「身の回りの物質」を確認すると、指導内容として物質の性質を形式的に知識として習得するのではなく、身の回りの物質を性質や変化といった定性的な視点に着目しながら問題を見いだし、見通しをもって観察、実験などを行う技能を身に付けるとともに、その性質や状態変化を比較、関連付けながらその規則性を見いだして表現することなどが学習対象となることを読み取ることができる。そこから科学的探究の視点としての科学的な概念（見方）や科学的探究の方法（考え方）が明示されており、子供に教えるべき内容とそれをいかに学ばせるか、それによってどのような力を身に付けるのかを把握することができる。その確認を単元づくりの出発点とすることが大切である。

　また、酸性・アルカリ性の判別、加熱処理した際に摘出される物質の有無、金属などの物質を入れた際の水溶液の状態変化など、小学校での既習の、ものの溶け方の学習での経験や、概念の素地を支えている日常生活の経験などとの関連を意識

した指導を心がけることも重要になる。

このように指導内容の系統と鍛えるべき見方・考え方との関連を確認した上で、子供の学習の連続性を担保していく必要がある。そして、それらを受けて子供にとって価値ある学びを実現するための課題、教材・教具の選定などを既習との関連から検討していくことが大切になる。子供に何ができていて、これから何ができるようになっていくのかという視点から学習指導要領を丁寧に読み解くことが期待されているのである。

単元づくりに大きく影響するのは教師の実践経験である。教科書の単元に基づく教材解釈と実践によって、教師は単元展開のイメージをより確かなものにしていくとともに、その単元は常に再生産される。教科書で用意された教材や課題場面を繰り返し実践していくうちに、それが単元づくりの土台となり、いつの間にか最適な単元というレッテルを教師自らが貼るようになる。その手続きでは望ましい単元を描くことはできないことは明らかである。目の前の子供に必要とされる学びを描くには、まずは学習指導要領に盛り込まれた教科指導の目的や価値を基盤に据えることが大切になる。

教科書単元との付き合い方

このような論が展開されると、教科書の教材単元では子供の学びは保障されないのかという疑問が生まれる。教科書の教材単元は一般性が高く、その意味では優等生であって、決して子供にとって不適なものではないはずである。しかし、その一方で、目の前の子供の学習履歴や興味・関心などの全てにおいて一般性ある教材が対応できるかといえば、それは難しいこと、また、教科書教材を提示しても必ずしも学びが深まるとは言い切れないということは教師なら誰もが分かっている。

「身の回りの物質」の授業場面である。授業者は単元の導入で、教科書に示された「どちらが希塩酸、水酸化ナトリウム水溶液であるかを追究の計画をもとに調べよう」という課題を取り上げた。この課題に対して生徒は手際よく計画どおりに実験・観察を進めて、その結果から物質の性質の判断を行い、全ての班が同様の結果を導き出し、課題に対する解を得たことで授業は終わった。確かに教科書に示された手続きどおりに授業は進められたが、これで学習指導要領に示された内容を実現できたと言えるのであろうか。この授業では、定性的な視点への着眼、結果の既習事項との比較・関連付けや新たな知見の認識といった学習の目的は果たせていないことがわかる。生徒自身が「何を知るため（内容ベイス）」の実験・観察に終わるのではなく、「何ができるようになるため（資質・能力ベイス）」に実験・観察を行うのかということを明確にすることが必要であり、それによって学習の基盤となる理科の見方を磨き、その考え方を鍛えることができるようになるわけである。資質・能力ベイスの単元づくりには、学びのゴールに整合するように科学的探究の視点を明確にした課題の提示及び問いの設定、また科学的探究を推し進めていく学びの文脈をいかに描くのかを明確にすることが大切なのである。

学習指導要領の読み込み、子供の見方・考え方の成長を基盤に据えて、何をどのように教えたらよいのかを考えることで、洗練された教科書の教材単元のよさを活かしながら、資質・能力ベイスの単元を創る力が求められている。

[参考文献]
• 齊藤一弥・高知県教育委員会編著『新教育課程を活かす能力ベイスの授業づくり』ぎょうせい、2019年

Profile

さいとう・かずや　横浜国立大学大学院修了。横浜市教育委員会首席指導主事、指導部指導主事室長、横浜市立小学校長を経て、29年度より高知県教育委員会事務局学力向上総括専門官、30年10月より現職。文部科学省中央教育審議会教育課程部会算数・数学ワーキンググループ委員。近著に『新教育課程を活かす能力ベイスの授業づくり』。

連続講座・新しい評価がわかる12章 [第3回]

観点別学習状況の評価の改訂ポイント

● POINT ●

これからの「知識・技能」「思考・判断・表現」「主体的に学習に取り組む態度」という3観点による観点別学習状況の評価は、常に3観点の関連を踏まえたバランスのとれた評価にすることが肝要である。

●**観点別学習状況評価のキーワードは、バランス**

　本連載は、Vol.1での「今次の学習指導要領改訂における評価の重要性」としての概論から始まり、Vol.2では「指導要録の改訂ポイント」としての最終的な評価・評定までを述べた。それは、本連載の執筆当時、平成31（2019）年1月21日の中央教育審議会教育課程部会「児童生徒の学習評価の在り方について（報告）」及び同年3月29日の文部科学省「小学校、中学校、高等学校及び特別支援学校等における児童生徒の学習評価及び指導要録の改善等について（通知）」が示されたことから、最新情報の提供に努めたこともある。さて、このVol.3からは落ち着いて、新しい評価の具体的な内容について述べてみたい。そして、述べるべき方針を定位するに当たり、その羅針盤を「バランス、サイクル、モデレート」という三つのキーワードとしたい。この「バランス、サイクル、モデレート」という三つのキーワードは、私が中央教育審議会教育課程部会「児童生徒の学習評価に関するワーキンググループ」の第12回会議で発言したキーワードである（文部科学省「教育課程部会 児童生徒の学習評価に関するワーキンググループ」（第12回）議事録を参照）。そして、このVol.3の「観点別学習状況の評価の改訂ポイント」のキーワードこそ、最初に掲げた「バランス」である。

　すなわち、学習評価の重要点は、児童生徒の学習改善につながるものにしていくこと、また教師の指導改善につながるものにしていくことであることは論をまたない。新学習指導要領は、各教科等の目標や内容を「知識及び技能」「思考力、判断力、表現力等」「学びに向かう力、人間性等」の資質・能力の三つの柱で再整理している。とりわけ、各教科等での「知識・技能」「思考・判断・表現」「主体的に学習に取り組む態度」の3観点の評価に際しては、観点の一つを取り上げ、それのみの育成を期した指導や関連を考えない評価に終始することなく、常に3観点の関連を踏まえてバランスのとれた評価とすることが肝要である。

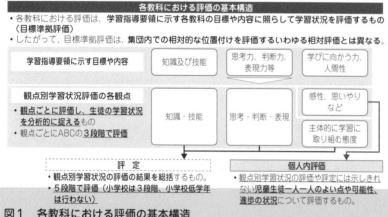

図1　各教科における評価の基本構造
（平成31（2019）年1月21日の中央教育審議会教育課程部会「児童生徒の学習評価の在り方について（報告）」p.6）

関西学院大学教授 佐藤 真

さとう・しん 1962年、秋田県生まれ。東北大学大学院博士後期課程単位取得退学。兵庫教育大学大学院教授、放送大学大学院客員教授などを経て、現職。中央教育審議会専門委員、中央教育審議会「児童生徒の学習評価に関するワーキンググループ」委員、文部科学省「学習指導要領等の改善に係る検討に必要な専門的作業等」協力者、文部科学省「教育研究開発企画評価会議」委員、文部科学省「道徳教育に係る学習評価の在り方に関する専門家会議」委員、国立教育政策研究所「総合的な学習の時間における評価方法等の工夫改善に関する調査研究」協力者、独立行政法人大学入試センター「全国大学入学者選抜研究連絡協議会企画委員会」委員などを務める。

●これからの評価の3観点

(1)「知識・技能」

これまでの評価観点は、「知識・理解」として各教科等において習得すべき知識や重要な概念等を理解しているのかを評価するものと、「技能」として各教科等において習得すべき技能を児童生徒が身に付けているのかを評価するという二つからなっていた。今後の「知識・技能」の評価は、各教科等における学習の過程を通して個別の知識及び技能の習得状況について評価を行うこととともに、それらを既有の知識及び技能と関連付けたり活用したりする中で他の学習や生活の場面でも活用できる程度に概念等を理解したり技能を習得したりしているのかを評価するのである。

(2)「思考・判断・表現」

今後の「思考・判断・表現」の評価は、児童生徒が「知識及び技能」を活用して、課題を解決する等のために必要な「思考力、判断力、表現力等」を身に付けているのかを評価するものである。ただし、「知識及び技能」を活用し、課題を解決するためには、以下の三つの「知識及び技能」を活用して課題を解決する過程があることを理解し、運用することが重要である。すなわち、

ア．物事の中から問題を見いだし、その問題を定義し解決の方向性を決定し、解決方法を探して計画を立て、結果を予測しながら実行し、振り返って次の問題発見・解決につなげていく過程

イ．精査した情報を基に自分の考えを形成し、文章や発話によって表現したり、目的や場面、状況等に応じて互いの考えを適切に伝え合い、多様な考えを理解したり、集団としての考えを形成したりしていく過程

ウ．思いや考えを基に構想し、意味や価値を創造していく過程

の三つである。

(3)「主体的に学習に取り組む態度」

「主体的に学習に取り組む態度」は、観点別評価を通じて見取ることができる部分と観点別評価や評定にはなじまずに個人内評価を通じて見取る部分がある。「主体的に学習に取り組む態度」の評価では、自己の感情及び行動を統制する能力や自らの思考の過程等を客観的に捉える力などのメタ認知を重視し、児童生徒が学習を行う過程において自分の学びを自己調整する機能を発揮していることを重視する必要ある。したがって、児童生徒が「知識及び技能」を獲得したり、「思考力、判断力、表現力等」を身に付けたりするために、自らの学習状況をモニタリングし、自分の学びの進め方について試行錯誤したり自己調整したりするなど学習の自己調整を図って、より良く学ぼうとしているのかという意思的な側面を評価するのである。「主体的に学習に取り組む態度」の評価は、まずは「知識及び技能」を獲得したり「思考力、判断力、表現力等」を身に付けたりすることに向けて粘り強い取組を行おうとしているかという意思的な側面を評価すること、次に、その粘り強い取組が自らの学習の自己調整を行いながら、より良く学ぼうとするために行われているのかを評価することである。

学びを起こす授業研究 [第3回]

「深い学び」づくりの基盤となる教科等のカリマネ

●5月の全学級公開を可能にするもの

5月24日、鹿児島市立田上小学校（宇都洋志校長）を訪問した。創立143年、鹿児島大学教育学部代用附属校になって105年の伝統校である。新学習指導要領を先取りした研究を展開している。研究テーマは「共に学び未来を創るⅢ〜『深い学び』の実現に向けた授業改善〜」である。

令和元年初めての公開研究会である。5月のこの時期に全学級を公開するのは容易なことではない。特に今年度は10連休があり、正味6週間しかない。異動してきた教諭4名も授業公開を行った。この時期になぜ全学級公開が可能なのか。学校のカリマネを踏まえての学級のカリマネと教科等のカリマネが根付いているからである。子どもは4月から育てるのではない。子どもたちの学びは前年度からの積み上げである。改めて気付かされた。

グランドデザインを教職員が共通理解し、ぶれることなく実践を行っている。また、各教室には「あさひ子五つの約束」（**写真1**）が掲示されている。学校が目指す姿が子どもにも理解できる言葉で示されている。

今次改訂では「主体的・対話的で深い学び」の実現による授業改善が求められているが、最もイメージし難いのが「深い学び」である。田上小では総則編解説書を基に田上小としての「深い学び」を具体的に示している（**図1**：研究主任の若松直幸教諭提供）。**図1**は学校全体で教科等共通の「子どもの姿」であるが、教科等ごとに子どもの姿が示されている。例えば、理科であれば「獲得した知識及び技能を使って、他の自然事物・現象について説明したり、新た

写真1

「深い学び」に関する記述（解説総則編）	本校で捉えている子供の姿
知識を相互に関連付けてより深く理解する。	○既習事項や獲得した知識及び技能を活用して、課題を解決する姿 ○既習事項や獲得した知識及び技能を活用して、相手に伝える姿
情報を精査して考えを形成する。	○自分と他者の考えを比較して、自分の考えを再構築する姿 ○必要な情報を選択して、自分の考えを形成（変化・付加・強固にし、再構築）する姿
問題を見いだして解決策を考える。	○問題を見いだし、納得を求めて解決策を考えている姿 ○問題を見いだし、様々な方法を用いて解決しようとする姿
思いや考えを基に創造する。	○学びを振り返り、自分の学びや思考を自覚する姿 ○学びを振り返り、思いや願いをもつ姿 ○よりよい自分にしていく姿 ○学習前にもっている概念を変化・付加・強固にし、学びに価値を見いだす姿

図1

村川雅弘
甲南女子大学教授

写真2

に発見した問題を解決する際に活用したりして知識及び技能をより確かに理解する姿」「解決策の妥当性を問い、必要に応じて解決策を見直し変更したり、改善したりする姿」等の5つの姿が具体的に示されている。筆者は「主体的・対話的で深い学びの子どもの姿とそのための手立ての具体化・共有化ワークショップ」を奨励しているが、教科等のレベルにおける具体を田上小で見ることができた。なお、「深い学び」を実現するための手立て「4つのつなぐ」（「学習とつなぐ」「他者とつなぐ」「自分とつなぐ」「生活とつなぐ」）に関しては、本誌前号で若松教諭が紹介している[1]。本稿では割愛する。

また、各教科等の「見方・考え方」も、中教審答申（平成28年12月）では教科等ごとに示されたものの具体的なイメージがもちにくい。田上小では**写真2**のように「見方・考え方を働かすポイント」を教科等ごとに示している。参考にしていただきたい。

●学級のカリマネで学級力アップ

カリマネには学校のカリマネ以外に、学年や各教科等及び学級のカリマネがある。学校のカリマネを踏まえて学年等のカリマネを計画・実施することを提唱しているが、田上小では学級のカリマネの具体をみることができた。

各教室の前面黒板の上には「学年訓」（**写真3**の「できる！」：2年）と「学級訓」（「あきらめない」：

写真3

2年1組）が掲げられている。そして、窓側の壁には「学級力コーナー」があり、学級の実態や目指すことが示されている。「にこにこいっぱいだいさくせん」（**写真4**）は1年2組、「カメカメ大作戦」（**写真5**）は3年1組のものである。学年によって表記が異なる。1年生は2回目から、2年生以上はレーダーチャートによる分析結果を踏まえて学習面や生活面の課題を設定し、その改善に向け学級として取り組むことを明確化している。学級担任と子どもで「学級のカリマネ」のPDCAサイクルを回している。レーダーチャートの項目は「目標をたてる」「努力する」「話をつなげる」「新たな考えをつくる」「相手を受け入れる」「助け合い、教え合う」「生活のきまりを守る」「学習の約束を守る」の8つである。

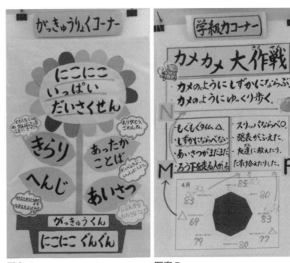

写真4　　写真5

学びを起こす
授業研究
［第3回］

各教科等のカリマネの理想モデル

　学級のカリマネと同様に充実しているのが「各教科等のカリマネ」である。筆者はその必要性についてこれまで述べてきたが[2]、小学校においてここまで完成度の高い事例は初めてである。

　図2（若松教諭提供）は学校のカリマネのPDCAサイクルの各教科等経営をより具体化し、各教科等のグランドデザインを作成し、育成を目指す資質・能力と各教科等の「見方・考え方」との関連を示している。

　また、田上小は23学級中、特別支援学級が6学級（37名）あるが、通常学級においてもかなりの数の特別な配慮を必要とする児童への対応を行っている。各教科等のグランドデザインには中央に「子どもの発達をどのように支援するか　配慮を必要とする子供への指導」の欄が設けられ具体的な手立てが書かれている。参観した特別支援学級の指導や教材、環境も素晴らしく、多様な子どもに対する一人一人のカリマネが充実していることが見てとれたが、学校全体で特別な配慮が必要な子どもへの支援が行き届いている。特別支援教育のカリマネも注目される。

写真6

　各教科において育成を目指す資質・能力は子どもにも示されている。例えば、**写真6**は理科教室に掲示されているものである。「比べる力」「関係づける力」「条件を考える

写真7

力」「多面的に考える力」を学年ごとに重点化を図り、具体的に説明している。3年理科「チョウを育てよう」ではモンシロチョウとアゲハの育ち方や体のつくりの比較を行い、6年理科「動物の体のはたらき」では実験データとの関連付けも取り入れながら人や動物が生きていくための働きを多面的に考えさせようとしている。

　音楽室においても音楽科が育成を目指す資質・能力が掲示されていた。**写真7**は筆者が講演の中で用いたスライドである。これで説明する。一番下の根っこの部分には「みんなで協力してつくりあげたい」「もっと歌いたい」「もっとチャレンジしたい」と書かれている。これは「学びに向かう力・人間性」に該当する。幹の部分には「考える」「練習」「話し合う」と書かれている。「思考力・判断力・表現力」に該当する。実の部分には「歌心（歌うって気持ちいい）」「よく響く歌声」「魂のこもった歌声」「よい音程　よいハーモニー」「読譜力」と書かれている。

図2

● Profile

むらかわ・まさひろ　鳴門教育大学大学院教授を経て、2017年4月より甲南女子大学教授。中央教育審議会中学校部会及び生活総合部会委員。著書は、『「カリマネ」で学校はここまで変わる！』（ぎょうせい）、『ワークショップ型教員研修　はじめの一歩』（教育開発研究所）など。

「知識・技能」に該当する。資質・能力の三つの柱が子どもに理解できる言葉で綴られている。手立てとして「じょうろ」には「響きづくり」「声づくり」「耳づくり」「拍づくり」が示されている。

主体的・対話的で深い学びを支える学習環境

　語彙や用語を知らなくては、自ら考えたり、考えを書いたり、伝えたり、話し合ったりは行いにくい。自信がなくても曖昧でも自己の考えをもち表現することを奨励しているが、言葉を知っている方が思考が円滑に働くことは言うまでもない。語彙や用語の習得の近道は使うことである。使うことにより定着が進む。**写真8**は音楽室の掲示、**写真9**はイングリッシュルームの掲示である。**写真8**では音楽の要素を示している。考えたり伝えたり話し合ったりする際に活用できる。かつて鳴門教育大学大学院で指導していた際にも、音楽鑑賞をテーマに実践研究を行っていた院生が同様の手を打った。例えば、「ゆっくり」「ゆるやかに」「のんびり」「徐々に」など類義語や関連語を国語辞典で調べて教室と音楽室に掲示し、曲を聴いた感想を書いたり述べたりする際に活用させた。積極的に発表する子どもや豊かに表現する子どもが増えた。

　写真9はリアクションワードである。英語による対話には欠かせない。イングリッシュルームに掲示されている。知らないから自信がないから話せない。「あ！これかな」といった感覚でどんどん使って身に付けさせたい。

　写真10は理科教室である。棚や引き出しのどの箇所に何があるかが一覧できる。「すぐに借りて、すぐに返せる」システムである。「気温のはかり方」や「方位磁石の使い方」「アルコールランプの使い方」などが詳細に書かれてある。実験道具も「使ってなんぼ」である。有効な手立てである。家庭科室や図工室も同様の工夫がなされている。田上小は伝統的に学習環境整備を重視しており、昭和62年には『設営のしおり』を発行しており、それが綿々と息づいている。また、各教科等共通の話し方や聴き方、話型及び各教科等の学習技能などの学習基盤の定着に関しても30年以上にわたりそのノウハウをまとめ、随時刷新し、共有化している[3]。

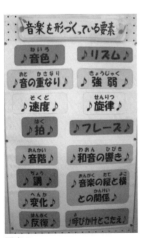
写真8

写真9

写真10

［参考文献］

1　若松直幸「『深い学び』を実現する子供の姿を目指して」『学校教育・実践ライブラリ』Vol.1、ぎょうせい、2019年、p.65

2　村川雅弘「カリキュラム・マネジメントの基礎的・基本的な処方22」村川雅弘編著『カリマネ100の処方』教育開発研究所、2018年、pp.20-45

3　田村学監修・鹿児島大学教育学部代用附属鹿児島市立田上小学校編著『考える力を育てる　学習のしつけ』小学館、2015年

カウンセリング感覚で高める教師力
[第3回]

カウンセリング関係

意　味

　これまでのロジャースのカウンセリング論をベースにした面接例を紹介しました。そこでは、子供や保護者などの来談者（クライエント）自身が〈自ら問題に向き合うプロセス〉と、そこにかかわるカウンセラーや教師の〈受け容れる感覚のあり様〉を学ぶことができると思います。子供や保護者が自分の不安や悩みに自ら気付き、その解決に前向きになるカウンセリングの展開に何があるのでしょうか？

　そこには、クライエント（子供など）とカウンセラー（教師）との「関係づくり」が大切であることをロジャースも指摘しています。第1回でも紹介した彼の全集第2巻『カウンセリング』の中で、「カウンセリング関係は、クライエントがかつて経験したことのあるどのような関係とも異なる性質の社会的な結合なのである」と表記しています。

　この言い方を教育活動で考えると、「不安や悩みのある子供が、先生との遊びや学び合いを通して受け容れられる体験をしたり、級友同士で楽しい活動を創り上げたりして新たな自分を見出す経験を可能にする関係づくり」という表現ができると思います。

　すなわち、子供自身の自己不一致から自己一致に至る新たな学びづくりの援助的なかかわりがみられ

ることが大切です。図のように、「ありたい自己」と「現実の自己」の重なりが小さい自己不一致の状態から、その二つの重なりが徐々に大きくなる自己一致の状態に至るかかわりをつくることです。

四つの特性

　カウンセリング関係について、ロジャースは著作[1]の中で「セラピー関係の基本的特質」と題する項を設け、以下の四つの特性を示しています（要約）。

> ①カウンセラーの側における温かさと応答的な態度である。それらはラポートを醸成し、深層的な情動的関係へとしだいに発展するものである。
> ②感情を意のままに表現できるようにする。カウンセラーの受容や面接に浸透するような理解ある態度により、クライエントはいっさいの感情や態度を表明してもよいことを認知するようになる。
> ③クライエントが自分の洞察を深めるセラピーの面接では明確な行為の制限がある。例えば、クライエントがカウンセラーを支配してより多くの時間を獲得する自由はない、という制限がある。
> ④あらゆるタイプの圧力や強制から解放されていることである。カウンセラーは自分の欲望や反応・先入観をセラピー場面で押しつけることはしない。その時間はクライエントの時間であって、カウンセラーの時間ではない。一定の行為をとらせようとして助言や示唆、強制などはセラピーに邪魔である。　＊（下線：有村）

　「教える」を基軸に考える教師にとっては、受け入れ難い点もあると思います。特に、④の「その時間はカウンセラーの時間ではない」や「助言・示唆・強制はセラピーに邪魔である」などは、教育論にはあり得ないことだと……（①～③はそれなりに理解できるが……）。いやいや、少し落ち着いて考えましょう。この④の記述を「子供の学習時間は教師の時間ではない。子供が自らの学びを深める時間であ

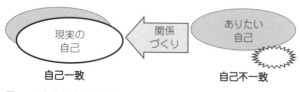

図　一致する自己形成

東京聖栄大学教授
有村久春

ありむら・ひさはる　東京都公立学校教員、東京都教育委員会勤務を経て、平成10年昭和女子大学教授。その後岐阜大学教授、帝京科学大学教授を経て平成26年より現職。専門は教育学、カウンセリング研究、生徒指導論。日本特別活動学会常任理事。著書に『改訂三版 キーワードで学ぶ 特別活動 生徒指導・教育相談』『カウンセリング感覚のある学級経営ハンドブック』など。

る」「子供は自己への問いを発しながら成長していく。あえて教師の助言や指示は必要としない」と言い換えてみては？　ほぼ納得できると思います。

　今日の〈先生〉の課題は、「子供の学びに向かう力や人間性の涵養」です。その具現化にロジャースが示す①～④の発想が役立つと考えます。次代の教育のカタチを構想するキーにもなり、子供一人一人の確かな思考力や判断力などを育成するうえでも不可欠な〈関係づくりの基本要件〉であると考えます。

三つの言葉

　ロジャースの特性に学ぶとき、〈先生の資質〉にある言葉を問いたく思います。

①「傾聴」　クライエント（子供や保護者）の言葉に真剣に耳を傾けることです。よりよい〈関係づくり〉の基本になります。クライエントが語りかける言葉にうなずいたり、その事実内容を繰り返したりしながら、その言動に表現された気持ちや考えを聴き容れるようにします。「聴いてもらっている」という安心感とともに、自らの問題の所在がより一層明確になります。その場が自由な雰囲気になり、クライエントの自発的な感情表現をより可能にしていくことができます。

②「受容」　クライエントをありのままに受け容れることです。方法としてのカウンセリングが最も大切にする概念です。ロジャースも彼の著作等の中でよく用いている〈無条件の肯定的配慮〉[2]に当たります。クライエントの状態をよく理解し、焦らずゆっくりとかかわり、互いの「よさ」（善＋良）に学び合うこ

とです。また、〈分かっているけど、そのとおりにできない〉という情緒的な動きの取れなさも感じ取るようにします。この営みが双方に共感的なかかわりを創出します（共感的理解）。この感覚が子供や保護者との間に伝わると、そこに新たな親和感（ラポール：rapport）が醸しだされます。

③「信頼」　子供自身の自己指導の力を大切にすることです。周知のように、「教育」は潜在能力を引き出す（educe）ことに発しています。子供は自分で問題を見出し、それを主体的に思考していく存在です。子供が自ら考え実行できるよう、その話題を一緒に考え合うことです。そして、「自分でできる・自分で選んでみる」とする自信と勇気に、子供自身が気付くようにかかわることです。子供が自ら動き出すまで〈待つ〉ことでもあります。そこに表出される言葉や行動の背景にもこころを寄せ、そうせざるを得ない状況がある、どのような気持ちでその行動にあるのかなど、その場の子供の存在や状況、情緒的な動きをみとることです。〈先生〉としての感性と生き方、そして専門性が問われる場面です。

[注]
1　『ロジャース全集第2巻カウンセリング』（岩崎学術出版、1966年）の第4章「カウンセリング関係の創設」p102
2　無条件の肯定的配慮(unconditional positive regard)：ロジャースがカウンセリング関係の中で重視する考えである。クライエントの体験そのものを受容することである。そこには価値的な条件は付与されない。（参考：キース・チューダー他著『ロジャーズ辞典』金剛出版、2008年）

ユーモア詩でつづる
学級歳時記

[第3回]

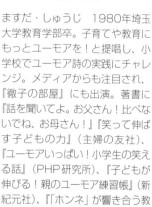

白梅学園大学教授
増田修治

ますだ・しゅうじ　1980年埼玉大学教育学部卒。子育てや教育にもっとユーモアを！と提唱し、小学校でユーモア詩の実践にチャレンジ。メディアからも注目され、『徹子の部屋』にも出演。著書に『話を聞いてよ。お父さん！比べないでね、お母さん！』『笑って伸ばす子どもの力』（主婦の友社）、『ユーモアいっぱい！小学生の笑える話』（PHP研究所）、『子どもが伸びる！親のユーモア練習帳』（新紀元社）、『「ホンネ」が響き合う教室』（ミネルヴァ書房）他多数。

まくいっているかどうかがはっきりしてくる時期でもあります。そんなときに、問題を起こす子どもに目がいきがちになります。しかし、子どもは「困らせようと思って問題を起こしている子どもはいない」ということをわかってほしいと思うのです。

涼は、1・2年生で問題行動が多い子どもでした。問題が起きるたびに、お父さんは担任の先生に呼び出され「子育てをもっときちんとしてください」「落ち着きのなさが目立ちます。家できちんとしつけていますか？」などと、説教されたので、涼のお父さんは学校に不信感をもっていました。そのため、担任は当初から厳しい言葉を投げつけられました。「学校は、オレの言うことを聞いてくれない。一方的に要求ばかりする」と言ってきたのです。

涼のお父さんは、自営業をしていてとても忙しく、なかなか子どもの面倒を見ることができません。だから、時間のあるときにはできるだけ子どもと一緒にお風呂に入るようにしていたのです。

そんなときに決まってやるのが、「オナラ競争」です。そんなバカバカしいことをやりながら、お父さんは子どもとの関係を楽しみながら深めていっているのです。事情があって父子家庭になってしまった大山さんでした。だからこそ、仕事も子育てもしなくてはいけないと、頑張り続けていたのです。

涼のお父さんは、おおらかな人でした。細かく子どもに指示するよりも、「おおらかな子どもになってほしい」と願っていたのです。そのため、ちょっとはみ出る行動を取ることが多かったのです。そうした家庭の事情と親の願いや持ち味を理解する上に学級を作っていくことが大切なのです。結果的に、涼の問題行動が激減していきました。

そんなお父さんとちょっと前に電話のやりとりをしました。「一緒に飲もうよ、先生」「先生が担任じゃなくなってからの涼、結構大変だったんだぜ！」なんて明るく言ってくれました。

もう、お父さんの背丈を超えている涼。きっと、お父さんより大きなオナラをして、自分の子どもを楽しませる父親になるに違いありません。

ユーモア詩でつづる学級歳時記

■今月の「ユーモア詩」

お風呂

大山　涼（3年）

ぼくは毎日お風呂に入ります。
お風呂に入ると、
毎日シャワーをします。
シャワーをする時に、
耳の中がプチプチします。
だからちょっとだけ
くすぐったいです。
目をつぶるとまっくらになるので、
おしいれにいるみたいです。
ぼくがお風呂に入ると、
オナラをします。
ぼくは小さいアワで、
お兄ちゃんがやると
ちょっと大きいアワです。
お父さんがやると、
でっかいアワです。

■親子のきずな

子どもの素直な感覚があふれる詩です。

「シャワーをする時に、耳の中がプチプチします。だからちょっとだけくすぐったい」

「目をつぶると真っ暗になるので、おしいれにいるみたい」

涼にとってお風呂には、不思議がたくさん詰まっています。シャワーを浴びたときに聞こえてくる音の変化を楽しんだり、目をつぶったときの感覚を味わったり。どちらも自分の感じ方でしっかり楽しんでいます。

しかも、それを見事に言葉にしているのですからびっくりです。

オナラ観察もなかなかのものです。

「ぼくは小さいアワ」

「お兄ちゃんがやるとちょっと大きいアワ」

「お父さんがやると、でっかいアワです」

何ともリアルです。読んだ私は、ついついおならのアワに鼻を近づけたらどうなのかな？ アワがでっかくなると、においはやっぱり強烈なのかな、なんて想像してしまいました。

自営業のお父さんはとても忙しい人でした。でも、お風呂だけは子どもたちと一緒に入るようにしていたそうです。

涼は、お兄ちゃん、お父さんと一緒にやったオナラくらべが本当に楽しかったのでしょう。外からはバカバカしく見えるオナラくらべが、実は親子のきずなを深く結んでいるのです。

■7月の学級づくり・学級経営のポイント

子どもの家庭の事情を理解する

7月になると、子ども一人ひとりの持ち味がわかってきて、子ども同士の関係性も作られてきます。それと同時に、学級づくりがう

UD思考で支援の扉を開く
私の支援者手帳から

[第3回]

原因論にまつわる煩悩（2）
「わざとしている」と思いたくなる煩悩

　支援が必要な子供たちには、一見、わざとやっていると思えるような行動があります。実際、意地の悪いことをしたり、嘘をついたりといったような、支援者を困らせる行動をすることがあって、学校の先生方は「わざとしている」と思いがちです。彼らは本当にわざとやっているのでしょうか。わざとやっていると思うことで支援がずれたり間違ったりしてしまうことはないでしょうか。今回は、そのことを考えてみたいと思います。

試し行動

　「試し行動」は学校の先生方からよく聞く言葉です。いたずらを繰り返したり、べたべたと懐いたかと思うと突然裏切ったりといった、周囲が不快な思いをするような行動について、学校の先生は「自分が試されている」と思うわけです。

　しかし、掘り下げて考えてみると、「試し行動」というのは実に不思議な言葉で、そこに問題意識をもたずに使われていることが多いように感じます。

　私たちのお相手は、そんなに策を弄することができる人たちでしょうか。いたずらをして注目されたいといった計算ができる人たちでしょうか。詐欺師が成功するのは、手練手管で相手をその気にさせて罠に引っ掛けるからです。そんな巧妙な技を、彼らがもっているとは思えないのです。彼らには、自分たちの行為による利害損得を考えたりはしていません。人に迷惑をかけることによって何かを得ようとはしていないわけです。つまり、私たちのお相手は、人を試すほどの高度なスキルは持ち合わせてはいないのです。

　にもかかわらず、なぜ「試し行動」という言葉が使われるのでしょうか。そこには、私たちのように、人を試すことができる人間の誤認（読み違い）が関与しているのです。

　私たちは、人を試すときに、ちょっといじわるをしてみたり、相手の気持ちをくすぐってみたり、ものごとをはぐらかしたりして相手を探ろうとします。そこでは、あからさまに相手を困らせたり馬鹿にしたりすることはしません。巧妙にやるわけです。しかし、私たちのお相手は、あからさまな行動をとります。私たちが人を試す行動とは明らかに違うわけです。

　つまり、彼らの行いを「試し行動」と考えるのは、実は、自分たち自身の投影であり、それが、「わざとしている」という煩悩を引き起こすのです。

嘘は罪

　「わざとしている」と思える行動の一つに嘘があります。しかし、本当にわざと言っている嘘は、何かを追及されたときの嘘です。追及から逃れるための嘘、これは意志が伴った嘘で、わざとやっている行為です。

　しかし、私たちのお相手がつく嘘というのは、本人の意思にかかわらずに出てきてしまうことが多いのです。

　多くの場合、彼らの嘘には三つのタイプがあります。

　一つ目は、空想虚言症といわれるようなものです。

小栗正幸
特別支援教育ネット代表

おぐり・まさゆき　岐阜県多治見市出身。法務省の心理学の専門家（法務技官）として各地の矯正施設に勤務。宮川医療少年院長を経て退官。三重県教育委員会発達障がい支援員スーパーバイザー、同四日市市教育委員会スーパーバイザー。（一社）日本LD学会名誉会員。専門は犯罪心理学、思春期から青年期の逸脱行動への対応。主著に『発達障害児の思春期と二次障害予防のシナリオ』『ファンタジーマネジメント』（ぎょうせい）、『思春期・青年期トラブル対応ワークブック』（金剛出版）など。

　相手と話しているときに、話題が止まると、誰かが話すまで待てない。そんなときに虚言が出てしまうといったものです。沈黙に耐えるスキルが不足しているために、話題を提供する嘘です。夏休みの予定がないのに家族でハワイに行くなどと言ってしまったり、一生の間に目撃できるかできないかの大事故に何度も遭遇したなどという嘘をつきます。しかし、そうした嘘はすぐばれてしまい、トラブルの原因になってしまいます。これは彼らにとっては、ちょっとしたサービス精神のようなものであるし、実は、自分の興味・関心から出てくることが多いのです。騙してやろうとは思っていないし、自分の興味・関心から出た嘘であるわけですから、そうした嘘を責めることなく、ハワイのことやレスキューの話で盛り上がってあげたらよいわけです。

　二つ目に、自作自演劇という嘘もあります。例えば、誰かが自分をいじめていてスリッパがなくなると言います。そうした場合、大騒ぎをしてみんなで探していると、なぜか、隠し場所を見付けたと言って自分でスリッパを持ってくることがあります。結局、自作自演のいじめ劇だったのです。しかし、そこで嘘を暴いて「わざとしている」と責めても意味はありません。自分を困った状況に置いて、何かを訴えていると考えるべきです。しかし、「どうしてほしいの？」と聞いても、大抵はどうしてほしいか言いません。それが言語化できないからです。だから、こうした嘘の場合には、「困ったときにはいつでもおいで」と、訴えの道を開いておくことが大事なのです。

　三つ目の嘘は、非行、特に多いのが盗癖です。罪を犯しているのにやっていないと言う。こうしたケースは、追及すればするほど人間関係が悪くなってきます。しかし、これは放ってはおけない嘘です。ひょっとすると教室の中で泥棒行為が行われているということも含めて考えなければいけないので、学校としても捨ててはおけません。場合によっては警察の助けを借りるということも含めて検討していかなければならないのです。

　しかし、しばらく放っておくと本人が来ることがあります。「この前のあれどうなったの？」って言いに来るんですね。そこで先生はちょっといじわるに、「あ、別に君が心配するようなことはないんだけど、なんでそんなことが心配なの？」というやり取りをしていくと、盗癖が収まります。このように「わざとしている」嘘にもいろいろなパターンがあって、それぞれのケースに応じた対応が必要になりますが、ここで押さえておきたいことは、支援の場では、嘘は軽い解離性障害と捉えることです。自分が自分であるという感覚が失われている状態と言えます。

　自分を変えたいために、演技や嘘が出てくるわけで、自分の中の他人、あるいは自分の中のもう一人の自分があって、そうさせていると考えられます。特に虐待を受けている人にこうした嘘が多いのです。

　このように、虚言を見極めると「わざとしている」という事象の本態が見えてきます。

　やる気のない人、わざとやっている人がいるとすれば、それは自分の中の他人の仕業なのか、自分の中の自分の仕業なのか。人間というものは複雑なものですね。

　まずは、「わざとしている」という煩悩から抜け出すことで、子供たちへの支援の目を開いていってほしいと思っています。　　　　　　　　（談）

進行中！
子どもと創る新課程 [第3回]

3月11日を忘れないために
仙台市立荒町小学校　防災の日

● step3
　東北地方太平洋沖地震から8年。防災対応力を身に付けるために、本校では防災の日を設置し、学校・地域・保護者が連携して防災教育を行った。子供たちは、防災体験活動を通して、自助・共助について学ぶことができた。

　平成23年3月11日、14時46分、「東北地方太平洋沖地震」が発生した。

　平成31年3月8日時点で、死者は1万5897人、重軽傷者は6157人、警察に届出があった行方不明者は2533人であると発表されている。日本国内で起きた自然災害で死者・行方不明者の合計が1万人を超えたのは戦後初めてであり、明治以降でも関東大震災、明治三陸地震に次ぐ被害規模であった。

　仙台市は、震災によって得た多くの教訓を踏まえ、子供たちの防災対応力を育む仙台版防災教育を推進している。

　仙台版防災教育は、「知識及び技能の習得」「思考力・判断力・表現力等の育成」「学びに向かう力・人間性等の涵養」という三つの柱に係る総体としての資質・能力の育成がバランスよく実現できるように留意し、「自助の力」及び「共助の力」から成る「防災対応力」の育成を目指している。その際、学校、地域の特性及び子供の発達の段階に応じて、関連する教科・領域等における指導を通して展開する。

　本稿では、以下、荒町小学校防災の日の取組を紹介する。

(1) 6月8日（土）1校時　避難訓練

　授業時間中に、宮城県沖を震源地とするマグニチュード8.0と推定される大規模な地震発生を想定し、全校避難訓練を行った。子供たちは、放送を聞いて、防災頭巾を被り、体育館へ素早く移動することができた。

　体育館では、実際に震災にあった職員や地域の方の話を聞いた。

　振り返り活動では、子供たちから「今度も大きな

防災対応力の育成

【自助の力】平常時から災害に備え、災害時に冷静に判断し、自らの命を守り、臨機応変に自らの安全を確保できる力
【共助の力】平時時から進んで他の人や地域の力となり、災害時の対応や地域に協力し参画できる力

平常時における「防災」＋災害時における「防災対応」

知識及び技能の習得	思考力・判断力・表現力等の育成	学びに向かう力・人間性等の涵養
災害発生メカニズムや地域に起こりうる災害について理解し、災害時に危険を予測し安全を確保することができるようにするとともに日常的な備えができるようにする	災害における危険を認識し、適切な意思決定や行動選択等、的確な思考・判断ができるようにする。	平常時から、思いやりや感謝の心を醸成し、進んで他の人や地域と関わり、助け合い、支え合うことを通して、災害発生時などに人として取るべき行動の根底となる心や態度を育む。

知識　　　　技能　　　　態度

・各教科　　・特別活動　・総合　　・道徳科
（家庭・地域・関係機関との連携・協力・情報交換）

図　仙台版防災教育の全体像

仙台市立荒町小学校教諭
鈴木美佐緒

地震が来るかもしれないので、自分の命は自分で守りたいと思いました」「みんな助け合って震災をのりこえたと思いました」などの感想があった。

写真1　地震発生の校内放送

（2）2校時　防災体験

火遊びから火事になってしまうDVDを鑑賞したり、地域の消防士の方の話を聞いたりすることを通して、防災に関する知識を身に付けるとともに、生命を大切にする心を養うことができた。

また、地域で防災教室を行っている方々から、防災についての○×クイズを出していただき、防災に対する自助、共助の考え方を学ぶこ

写真2　地域の消防士の方の話

写真3　火災のDVD鑑賞

写真4　火災のDVD鑑賞

写真5　地域の方々と防災についての○×クイズ

とができた。

（3）3校時　防災授業

震災の時に必要な物は何か、何を準備しておけばいいのかを1人で考えた後は、リュックの大きさを考えながらグループで話し合った。食べ物、懐中電灯、防災頭巾のほか、家族の写真をリュックに入れるというグループもあった。この学習は、家族で防災について話し合うきっかけにつながったと思われる。

写真6　防災リュックの中身について話合い

写真7　リュックの大きさや重さを確認

（4）4校時　引き渡し訓練

引き渡し訓練に参加したのは全体の95％だった。年々参加率がよくなり、毎年防災教育を継続してきた成果が表れている。

知識と行動は単純に連動するものではない。知識と行動が連動するためには、子供たちが知識を主体的に学び、体験的な活動を通して、自ら気付きを得ることが重要である。

防災の日を通して、想定を超えた自然災害から、子供たちが自らのいのちを守り抜くために主体的に行動する態度を身に付けておくことが極めて重要であることを再認識した。

わからなさから学びを生み出す対話力

[第3回]

東海国語教育を学ぶ会顧問
石井順治

対話的学びで姿を現すわからなさ

　わからなさから学びが生まれます。ところが、学校にも社会にも、わかることが優秀でわからないことは劣っているという価値観があり、子どもたちはわからなさを表に出すことができないでいます。それはよいことではありません。わからなさを安心して出せる教室にする、それはすべての子どもの学びを深める鍵です。

　中学校2年数学の授業、この時間の課題は以下のようになっていました。

> 　弟が9時に自転車で家を出発し、一直線の道路を図書館に向かった。姉は、弟が家を出発してから7分後に自転車で家を出発し、弟と同じ道路を図書館に向かった。2人は途中でそれぞれ1回ずつ自転車を止めて休み、9時39分に同時に図書館に着いた。図は、9時x分における弟と姉の間の距離をymとしてx、yの関係をグラフに表したものである。
>
>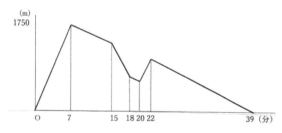
>
> 　ただし、弟と姉の自転車の速さはそれぞれ一定であり、2人がそれぞれ1回ずつ自転車を止めて休んだ時間に重なりはないものとする。
>
> （平成21年度三重県立高等学校入学者選抜学力検査問題）

　この文章の後に、姉が図書館に着くまでに走った時間、家と図書館との距離、9時20分における弟と姉の距離という3つの問いが出されていました。

　課題が出るとすぐグループになる、この学校の授業のいつもの光景です。最初のグループでわからなさが出る、それもいつものことです。この授業でも当たり前のように出てきたのですが、そこには思いもかけないわからなさと間違いが含まれていました。
「1750って何？」
「このグラフって、弟のこと表してるの？　姉のことを表したもの？」
「（xが7のところでyが1750になっている点について）ここが図書館や」
「（xが39のところでyが0になっているその点を指差して）家に帰って来た！」

　教師からすれば途方に暮れるような状況ですが、数学の苦手な子どもの方こそこういうところで先に進めずもっと途方に暮れているのです。

　これらのわからなさや間違いはグラフの直線を何分でどれだけの距離を走ったかを表していると見てしまったことから起こっています。だから、グラフの直線は弟なのか姉なのかという質問が出てきたのだし、直線の山のいちばん高い1750のところがいちばん遠いところだと感じ、そこが図書館だと錯覚してしまったのです。「1750って何？」という疑問も、そこが図書館ではと感じたのだけれど、問題には姉が7分後に出発したと書いてあり、そこが1750になっている、一体どういうことだろうとわからなくなったのでしょう。また、39分のところで家に帰り

●Profile
いしい・じゅんじ　1943年生まれ。三重県内の小学校で主に国語教育の実践に取り組み、「国語教育を学ぶ会」の事務局長、会長を歴任。四日市市内の小中学校の校長を務め2003年退職。その後は各地の学校を訪問し授業の共同研究を行うとともに、「東海国語教育を学ぶ会」顧問を務め、「授業づくり・学校づくりセミナー」の開催に尽力。著書に、『学びの素顔』(世織書房)、『教師の話し方・聴き方』(ぎょうせい)など。

着いたと考えたのも距離が「0」になっているので家に帰ってきたと思ってしまったのです。

つまり、これらの子どもは「ともなって変わるx、yの関係」という関数的見方ができないでいるのです。たぶんこの子どもたちも、x、yに何らかの数字を代入してグラフにするという関数の学習はしてきているのでしょう。しかし、具体的状況になると途端にわからなくなるのです。ここを乗り越えないと一次関数は理解できないし、実生活でこの課題のような考え方をすることはできません。

そういう意味で、こういうわからなさが表に出せるのは素晴らしいことなのです。教師の説明で進める一斉指導型の授業だとこういうわからなさや間違いは出て来ません。出せる場がないし、授業がわかっている子どもの発表で進むからです。その発表の陰でつまずいている子どもは、いつまでもこうしたわからなさを抱えることになるのです。

それが、この学級ではあたり前のように出てきます。そして、どのグループでも他の子どもたちが実に丁寧に温かく対応しています。なぜでしょうか。

それは、数学の授業ではもちろん、どの教科の授業でも常にグループになって対話的学びをしているからです。どんな間違いもわからなさも大切に受け止め合い、そこからすべての子どもの学びを生み出す学びを日常的にしているからです。

ただし、このようなわからなさや間違いも、学びとして昇華させることができなければ深い学びは実現できません。対話的学びの良さや大切さを実感することもありません。それにはこの授業の場合どういうことが必要なのでしょうか。

乗り越えるための足場を

こういうとき必要なのは足場です。足場は子どもだけではかけられないことが多く、どのようにかけるにしても教師がかかわります。もちろん教師が説明してわからせるということではありません。適切な足場をかけ、その足場をもとに子どもたちで乗り越えていけるようにするのです。例えば次のように。

まず2人の子どもが考えていた「何分でどれだけの距離走ったかを表す」という考え方を否定しないで、小学校の算数の授業で描いていたような数直線(下図参照)にしてみてはどうでしょうか。

そのうえでこの数直線と課題の一次関数のグラフとを比べてどこがどう異なるのかグループで考え合うよう仕向けるのです。そうすれば間違いは生き、表し方の違いも見つけ出せ、関数的な見方にも正面から向き合うことになるのではないでしょうか。そしてわからなさを抱えていた子どもだけでなく、どの子どもの学びをも深めることにつながります。

できないこと・わからないことを克服してきたのが人間の歴史だとすると、日々の授業におけるわからなさはささやか過ぎるかもしれません。けれども挑む価値に違いはないのではないでしょうか。学びはわからなさから始まります。対話的学びはそのわからなさを引き出し深めます。

スクールリーダーの資料室

昭和26年学習指導要領を読んでみよう（上）

　今回の学習指導要領改訂に少なからず影響を与えたと言われる昭和26年「学習指導要領（試案）」。ここには、資質・能力の育成やアクティブ・ラーニング、「社会に開かれた教育課程」につながる多くの示唆が読み取れる。

　昭和26年は、サンフランシスコ平和条約が締結され、日本が主権を取り戻した年であり、日本初の民間放送ラジオ局の開局、第1回プロ野球オールスターや紅白歌合戦の開催、プロレスの力道山のデビューなど、新たな時代を感じさせる世相の中、新国家建設に向けた教育界からの提言として、文部省から出されたのが、この試案だ。

　今回は、「一般編」の中から「1．教育の目標を定める原理」と「Ⅲ　学校における教育課程の構成」の「1．教育課程とは何を意味しているか」「2．教育課程はどのように構成すべきであるか」を掲載する。

　「1．教育課程とは何を意味しているか」では、教育課程は「教師と児童・生徒によって作られる」とし、「両親や地域社会の人々に直接間接に援助されて、児童・生徒とともに（中略）つくられなければならない」と、「社会に開かれた教育課程」につながる考えを提起している。

　また、「2．教育課程はどのように構成すべきであるか」では、教育目標に触れ、「児童・生徒の必要、社会の必要をとらえて、それぞれの学校の教育目標を具体的につくる必要がある」と述べている。

　「(2) 児童生徒の学習経験の構成」では、「(a) 望ましい経験の性格」で、児童・生徒は「既往の知識・経験を生かし、さらに、他の知識を求めたりすることによって、環境に働きかけることになる」とし、「他の知識は自分のものとなり、新たな経験が、自己の主体の中に再構成され、児童・生徒は成長発達していく」と述べている。また、「(b) 学習経験の領域」では、学習を進める上で、「問題を分析すること、推理することなどの技能を学習する機会を用意すべき」として「これらの技能が高度に発達すればするほど、各個人は、豊かな知識を習得し、生活の問題についての理解を深めることができ」ると指摘する。

　実生活に基づいた真正の学習と、主体的・協働的な探究型の学習を求めたものといえよう。

　さらに、「(e) 単元の作り方」では、「児童・生徒の関心・欲求・問題などが重視され、それらが学習の計画において大きな役割を果している」と述べ、単元計画をつくる上での重要なポイントとして、社会や自然についての諸概念を児童・生徒に理解させること、児童・生徒の欲求などについての事前調査をすること、それをもとにどのような単元構成を立てるかということ、学習活動の展開に合わせた活動場面を用意することを指摘。単元づくりのために考慮する点として、単元の目標を明確にし、単元の学習によってどのような望ましい知識・理解・態度・習慣・技能・鑑賞が身に付けられるべきかがはっきりと考えられていること、児童・生徒自らが主体的に目的を立て、計画・実施し評価する一連の学習過程を構成すること、児童・生徒が建設的に協力して問題解決する雰囲気をつくること、個人・集団での表現活動を数多く用意することなどを求めた。

　この試案は、現代に照らしても決して色褪せていないばかりか、新学習指導要領を読み解く上で、大いに参考になろう。

　次代には、Society5.0、シンギュラリティといった社会が待ち構えている。この予測のつかない新しい時代に向けて、子供たちに、どのように資質・能力を育てられるか。新国家建設に向けた26年版指導要領（試案）から、私たちが捉えておくべき課題やこれからの取組に向けたヒントを探りたい。

（編集部）

スクールリーダーの資料室

●学習指導要領 一般編（試案）

昭和26年（1951）改訂版 文部省

I 教育の目標

1. 教育の目標を定める原理

　教育は、児童・生徒の成長発達を助成する営みである。したがって教育目標は、児童・生徒の個人的、社会的必要をよく考えて定められねばならない。この必要は、次の三つの点から考えてみることができる。

　第一は、児童・生徒が、生物として本来もっている必要である。たとえば、人間が飢えたときには食物を求める。疲労したときには休息を求める。よく休んだ後には活動を求める。眠いときには眠りを求める。寒ければ暖かさを求める。性的な目ざめが起れば異性を求める。その他人間が生命を維持してゆく上に充足されねばならないいろいろな必要がある。これらの必要を満たそうとするところに人間の活動が生れる。児童・生徒は、これらの生理的な必要を社会的に望ましいしかたで、どのようにして満たしたらよいかを学ばねばならない。この必要は、生物としての人間の分析から発見されるものであって、あらゆる形態の社会に通ずる基本的な必要であるといえる。

　第二は、発達過程における児童・生徒が、その発達に応じて必要とすると考えられる必要である。いいかえれば、児童・生徒みずからが潜在的にもっている必要である。児童・生徒は、全体として人格的に発達しつつあり、そこにいろいろな必要が考えられるが、今かりに、身体的、知的、社会的、情緒的の四つの方面に分けて、これらの必要を考えてみると、およそ次のような必要が考えられる。身体的発達の事実から生ずる必要としては、栄養や運動、適当な休息、身体の清潔、病気や危険に対する保護などが考えられ、知的な発達の事実から生ずる必要と

しては、各領域にわたる広い深い経験や知的な活動が考えられ、社会的発達の事実から生ずる必要としては、自己を確立するとか、友だち仲間に加わるとか、学校や地域社会の生活、さらに大きくは一般社会生活が有効に営めるとかいった社会的な発達のための助力を必要とする。情緒的発達の事実から生ずる必要としては、美的な経験や安定感・成功感などが与えられることの必要が考えられる。もちろん、ここに分けて述べたこと以外に、人格として円満な発達をし、健全な、力強い、気持のよい人間となるためのいろいろな助力を必要としているといえる。そして、これらの必要の発見は、児童心理学や青年心理学の研究および、教師が直接に児童や生徒を観察して、かれらを理解することによってなされるであろう。

　第三は、児童・生徒は現在および将来の民主的な社会の構成員として、民主的な社会のいろいろな価値や、それを実現する方法を学ぶ必要がある、という場合の必要である。たとえば、児童・生徒は、自己および他人の権利と個性を重んじるとともに、個人に自由が保証されている社会にのみ価値の高い文化が創造されるという考えをもち、それを創造する能力を発達させる必要があるとか、あるいは、自国の伝統と現状について正しい理解をもつとともに、世界平和のために、国際的協調のたいせつなことを理解する必要があるとか、あるいは、民主的原理によって問題を創造的に解決することを最善と考え、そのような実行をすることの必要があるとか、生活上の問題を処理したり、生活を豊かにしたりする技能を身につける必要があるとか、自己や社会の健康を増進するための知識や技能を習得したり、勤労を愛好する態度を養う必要があるとか、といったもろもろの必要が考えられる。これらの必要の発見は、日本国憲法・教育基本法・学校教育法、その他の法規の研究や、さらに現在の社会の動向や問題の考察、社会発達の史的な見通しなどによって得られるであろう。

学校教育・実践ライブラリ〈Vol.3〉　87

最後に述べた児童・生徒の必要は、児童・生徒は、現在および将来の社会の構成員として、知識や技能、あるいは行動のしかたにおいていまだ未熟であり、欠けているから、未熟なものを発達させ、欠けているものを満たして行くべきであると成人が考えるものと一致するから、時に社会の必要とも呼ばれている。しかし、社会の必要という場合、児童・生徒の立場を忘れて、狭い視野からこれを強調する場合は、教育的に望ましくないいわゆる社会的要求を児童・生徒に強制するといったことも起る。社会の必要ということばを用いる場合も、われわれは、常に教育的にこれを考えていく用意を忘れてはならないのである。

　また、児童・生徒の必要の一つとして、児童・生徒の興味や、その時々の欲求や願望を考える人もある。これも教育の目標を考える場合にわれわれが参考とすることはできるが、しかし、これは主として実際指導の場面において、教材の選択や、学習指導法を考える場合にじゅうぶん考慮すべき事がらであると思う。　　　　　　　　　　　（以下、略）

Ⅲ　学校における教育課程の構成

1. 教育課程とは何を意味しているか

　前章で述べたことは、文部省が学校に示唆する教育課程のわく組についての概要である。すなわち、各地方や学校でそれぞれの教育課程を構成していくときに、その手がかりとなる大まかなわく組を示したものである。そして小学校および中等学校の各教科の指導内容や指導法については、別に出版される各教科の学習指導要領に詳細に示されている。これらはまた学校において教科内容や学習活動を選択する場合に、その手がかりとなるものであり、教師に有益な示唆を与えるものである。

　本書には、各教科とその時間配当が示されている。これは、各地域や各学校で具体的な指導計画をたてる際の参考となるものであるが、単にそれだけでは教育課程そのものについての叙述はじゅうぶんでない。本来、教育課程とは、学校の指導のもとに、実際に児童・生徒がもつところの教育的な諸経験、または、諸活動の全体を意味している。これらの諸経験は、児童・生徒と教師との間の相互作用、さらに詳しくいえば、教科書とか教具や設備というような物的なものを媒介として、児童・生徒と教師との間における相互作用から生じる。これらの相互のはたらきかけあいによつて、児童・生徒は、有益な経験を積み教育的に成長発達するのである。しかも、児童・生徒は一定の地域社会に生活し、かつ、それぞれの異なった必要や興味をもっている。それゆえ、児童・生徒の教育課程は、地域社会の必要、より広い一般社会の必要、およびその社会の構造、教育に対する世論、自然的な環境、児童・生徒の能力・必要・態度、その他多くの要素によって影響されるのである。これらのいろいろな要素が考え合わされて、教育課程は個々の学校、あるいは個々の学級において具体的に展開されることになる。いわゆる学習指導要領は、この意味における教育課程を構成する場合の最も重要な資料であり、基本的な示唆を与える指導書であるといえる。

　このように考えてくると、教育課程の構成は、本来、教師と児童・生徒によって作られるといえる。教師は、校長の指導のもとに、教育長、指導主事、種々な教科の専門家、児童心理や青年心理の専門家、評価の専門家、さらに両親や地域社会の人々に直接間接に援助されて、児童・生徒とともに学校における実際的な教育課程をつくらなければならないのである。

　学校における教育課程の構成が適切であり、教室内外における児童・生徒の学習が効果的に行われるときに、それはよい教育課程といわれるのである。学習指導要領がいかに改善されても、学校における実践が改善されなければ、真の意味における教育課程の改善とはならない、逆に、たとえ、学習指導要領がふじゅうぶんなものであっても、有能な教師は

すぐれた教育課程をつくりうるであろうし、それが
ひいては、学習指導要領の改善を促す機縁ともなる
であろう。

　次に、教師が教育課程を構成していく際に、留意
しなければならない点を考えてみよう。

2. 教育課程はどのように構成すべきであるか

　学校における教育は、児童や生徒の行動や考え方
を一定の目標に向かって変化発展させていくところ
に成りたつといえる。したがって教育課程の構成に
当っては、まず目標をはっきりとらえることが必要
となる。次に、目標を達成するに有効な教育内容や
学習活動を選択し、児童・生徒の経験の発展をはか
らねばならない。これによって児童・生徒の経験は、
目標に向かって再構成されることになる。したがっ
て教育課程の構成に当っては、（1）目標の設定、
（2）学習経験の構成ということがたいせつな仕事と
なる。しかも、この二つの要素は機能的に相互に密
接に関係し合っているのである。

(1) 目標の設定

　I.に掲げた教育の一般目標は、憲法・教育基本
法・学校教育法などに示された教育の目的および目
標のもつ意味を解釈し、その内容を明らかにすると
ともに、広く教育的見地に立って、わが国の児童・
生徒の必要を考慮してつくりだされたものである。
校長や教師は、まずこの一般目標をじゅうぶん理解
し、正しく解釈していく必要がある。

　次に一般目標への到達は、各教科によって分担さ
れることになるから、それは各教科のそれぞれの目
標として具体化されることになる。したがって、各
教科の学習指導要領に掲げられた教科の目標や学年
の目標、さらに単元や題材の目標をもじゅうぶんに
理解し、目標がどのように発展的、系統的に実現さ
れようとしているかを知る必要がある。

　しかし、学習指導要領の一般編や、各教科の学習
指導要領に示されている一般目標は、文部省が、委

員会を構成して、わが国の教育の全般の動向を考え
て作ったものである。したがって、個々の学校には、
そのままの形では適応しにくいものがあるかも知れ
ないから、個々の学校はその学校や地域社会のいろ
いろな状況に照し合わせて、さらに、これらの目標
をその学校の教育に適するように修正を加えてゆか
ねばならない。すなわち、各学校においては、学習
指導要領に掲げられた目標をじゅうぶんに理解する
とともに、これをさらに検討し、いろいろな方法を
用いて児童・生徒の必要、社会の必要をとらえて、
それぞれの学校の教育目標を具体的につくる必要が
あるのである。

　この目的のために用いられる方法としては、いろ
いろな方法が考えられ、決して固定した一つの方法
だけがあるわけではない。しかし、一応次のような
手続を考えてみることができる。児童・生徒の必要、
社会の必要を適切にとらえるために、たとえば、種々
の文献による調査研究・質問紙法・活動分析法・面
接や質問による調査研究・観察、さらにもろもろの
記録の参照などを行うことがそれである。また、い
ろいろな領域の専門家や両親・教師・一般社会人等
からなる目標設定のための委員会を設けて、意見を
きき、それをまとめることもよい方法であろう。

　このような方法でととのえられた結果をもとにし
て、教育の目標を設定していくわけであるが、調査
や会議の結果がそのまま目標となるわけではない。
それは目標設定のための一つの資料であると考える
べきである。したがって、それらの資料をじゅうぶ
ん批判、検討して、広い高い見地から目標を定める
ことが必要となる。

　ここに注意すべきことは、健全な教育の目標は、
社会の必要と児童・生徒の必要とを対立させて、そ
のうちの、どちらかの一方から考える局部的な立場
からは、決定されないということである。社会的な
必要と児童・生徒の必要とは、一見相矛盾するよう
にも見えるが、この書のIですでに考えたように、
児童・生徒の必要のうちに社会的必要をとり入れて
いくことができる。ことに、単元の目標は、学習者

に身近なものであるべきであるから、児童・生徒の必要・関心・能力がよく考えられており、児童・生徒の実際の経験活動のうちに、社会の必要が実現されるようにて定むべきであろう。

(2) 児童・生徒の学習経験の構成

(a) 望ましい経験の性格

　教育課程の構成について、次に考えられなければならないことは、どのようにして児童・生徒の学習経験を構成していくかということである。このことは教育目標を達成するのに有効な学習経験を、発展的、系統的に組織していくことを意味している。したがって、児童・生徒に望ましい学習経験を発展させていくための組織をつくることが、教育課程の構成であるといえる。次に、教育課程を構成していくときの経験の意味について、少し述べておこう。

　過去においていろいろな経験をもった児童・生徒が、かれらにとって新奇なある状況に当面したり、あるいは問題にぶつかったとき、環境に対して緊張した態度をとり、活動的な交渉を行う。児童・生徒は、自己の当面する環境を切り開くために、また問題を解決するために、いろいろな活動を行うようになる。すなわち、既往の知識・経験を生かし、さらに、他の知識を求めたりすることによって、環境に働きかけることになる。このような環境との相互の働きかけあいによって、他の知識は自分のものとなり、新たな経験が、自己の主体の中に再構成され、児童・生徒は成長発達していくということができる。したがって、教育課程は、このような経験の再構成を有効にさせるように、学習経験を組織することでなければならない。その意味で、教育課程の構成において問題となってくる経験は、単なる児童・生徒の既往の経験ではなく、児童・生徒の発達段階に即して、かれらの現在もっている経験を発展させ、それを豊かにするのに役だつようなものでなければならない。

　したがって、望ましい経験とは、無数の経験の中で、児童・生徒の発達を促し、教育の目標を達成するのに有効なもので、かれらの発達段階に即した、可能的なものをいうのである。

(b) 学習経験の領域

　教育課程を構成するに当って、教師は、児童・生徒の成長発達を促がし、教育の目標を達成するような望ましい学習経験を用意しなければならないが、それにはさまざまな種類の経験が考えられる。次に示されてあるものは、そのような学習経験の領域を考えるに当って、一つの手がかりとなろう。

(ⅰ) 学習を進める上に必要な技能を用いたり、発展させたりする経験

　学校は、読むこと、書くこと、話すこと、聞くこと、観察すること、数えること、計算すること、物をつくること、問題を分析すること、推理することなどの技能を学習する機会を用意すべきである。しかもこれらの技能は、それを用いる必要のある情況に当面した場合に、最もよく習得されるものであるから、それを用いる必要のある情況をこどもに提供することがたいせつである。

　すべての児童・生徒は、これらの技能を用いることを必要としており、ある者は、他の者以上にこれらの技能を用いる必要があるし、また、用いることもできる。これらの技能が高度に発達すればするほど、各個人は、豊かな知識を習得し、生活の問題についての理解を深めることができ、民主社会の一員としての責任を果す可能性が大きくなる。

(ⅱ) 集団生活における問題解決の経験

　民主社会のりっぱな公民としての資質を発展させるためには、学校は児童生徒が、自主的に集団生活の問題を解決していくような機会を用意する必要がある。児童生徒は、このような問題解決の機会が、豊かに与えられることによって、公民としての必要な理解・態度・技能を身につけていくことができるからである。

　民主主義の理想を実現していこうとするわれわれの社会生活においては、まず何よりも成員のひとり

スクールリーダーの資料室

ひとりが個性的な自覚に基いて、創造的に問題を解決していこうとする積極的な態度をもつことが必要とされる。それとともに、さまざまな複雑な問題も、成員相互の協力によって解決していくことができるという確信をもつことが必要とされる。われわれの民主社会においてたいせつな個人や集団の幸福が実現されるかどうかは、このような成員のひとりひとりの個性的な自覚に基いた、相互の協力ができるかどうかにかかっているといえる。

したがって、児童・生徒が社会——家庭・学校・地域社会・国家・世界——の有能な一員として、行動しうるためには、個人や集団生活の問題を解決する経験が、豊かに学校で与えられねばならない。

（ⅲ）物的、自然的な環境についての理解を深める経験

われわれの経済的、社会的、政治的な生活に、科学の発達は、大きな影響をもたらしている。だから、人間が、自然や物的環境にどのように依存しているかの理解や、人的自然的資源を保存し、開発し、利用する知識や技能を発展させる科学的な経験は、きわめて重要である。

（ⅳ）創造的な表現の経験

学校は、児童・生徒に美術・音楽・文芸・リズム活動などを通して、自分の考えや感情を表現するゆたかな機会を与えるべきである。児童・生徒は、自己の思想や感情を表現し、他人に伝達する方法を学び、また表現されたものを鑑賞し利用するようにならなくてはならない。精神的及び身体的な健康は、このような創造的な表現活動を通して、達成されるものである。

言語をとおして自己の思想や感情を表現するような創作的な文学活動や、他人の書いた文学を読むということは、すべての児童・生徒の成長、発達に欠くことのできない経験である。自然の美を求め、理解し、それを楽しむというような機会もまた、学校経験の中に含まれなくてはならない。広い範囲の戸外の経験は、児童・生徒が、自己の周囲の世界に親しみをもち、その美を鑑賞するのに役立つ。また、

ものを作ったり、組たてたりする技能をも、児童生徒の必要に応じて発展させるようにすることもたいせつである。

（ⅴ）健康な生活についての経験

学校はすべての児童・生徒の健康な心身の発達をはかり、またそれを守るために、よい健康と安全の習慣を身につけさせる適切な機会を用意しなければならない。そしてよく調和のとれた心身の成長発達をはかるために、すべての児童・生徒に健康と安全についてのさまざまな知識や技能を習得させる必要がある。これらの経験は、個人的、集団的ないくつかの運動についての技能の習得および個人の健康についての初歩的な事がらや、その実践から徐々に始められて、やがて広く地域社会や、国家などにおける健康や安全の問題を改善していくような事がらやその実践にまでひろがっていくことが望ましい。

（ⅵ）職業的な経験

児童・生徒がその発達の段階に応じて、学習の一環として実生活に役だつ仕事の経験を積むことは、きわめてたいせつな意義をもつものである。こういう経験によって、学習は実生活に即して進められるようになり、また、日常生活や職業生活に必要な知識・技能や態度が得られる。また、このような経験は啓発的経験としての重要な意義をもつものであって、生徒はこの経験を通じて将来の家庭生活・職業生活に対する関心を高めるとともに自己の個性や環境について反省し、その特徴を発見する機会を得て、職業を選択する能力が養われるのである。したがって、このような経験が得られるように用意することは、学校のもつ基本的な責任の一つである。

このような職業的な経験は、学校内だけでなく、生徒の家庭や家庭農業で行ういわゆるホーム・プロジェクト（家庭実習）、あるいは工場・事業場で行う現場実習などにおいてもなされるであろう。職業的な経験は、児童や生徒の発達の段階によって違い、初めは日常生活に必要な知識・技能や態度の養成が重視され、その後、職業に関する啓発的経験の重要性が加わり、しだいに、特殊的、専門的な学習の重

要性が認められるようになってくる。

　啓発的経験は、地域社会の必要や学校の事情、生徒の事情によっておのずから特色をもつことになるであろうが、社会におけるさまざまの職業の中から、生徒の能力や関心に応じた職業の分野を見いだそうとするものであるから、できるだけ広い経験を用意する必要がある。

　高等学校においては、生徒が将来の進路をほぼ決定し、それに応じた職業課程を選んで入学するのであるから、その必要を充足するような専門的な経験を得させる必要がある。

(c) 学習経験の組織

　いま述べた経験の諸領域を、どのようにして児童・生徒に身につけさせていくかの具体的な教育計画が、次に考えられなければならない。すなわち、具体的な学習のいくつかの道筋を設けて、発展させるべき経験の組織を作らなければならない。その組織の方法としてはいろいろあるが、その有効な方法の一つに、教科による組織のしかたがある。言い換えれば、いくつかの教科を設けることによって、前に考えたような諸領域の望ましい経験が、全体として、児童・生徒によって達成されるように計画していくことである。

　本来、右の望ましい諸領域の経験を、児童・生徒のうちに発展させていくためには、それぞれの領域の経験の特性に応じた適切な学習内容が児童・生徒に与えられる必要がある。しかも、その与えられる学習内容は、有効適切なものであると同時に、発展的、系統的に整理され、組織されたものでなければならない。教科とはもともとこのような目的のために、それぞれの教材の特性に応じて分類され、発展的、系統的にまとめられたものといってもよい。しかも各教科の学習内容、すなわち経験内容を総合して、全体としてみるときは、先の諸領域の望ましい学習経験を含むことができる。したがって、具体的な学習の道筋を組織するに当っては、本書の前章で示しているような教科による組織のしかたも有効な

一つの方法であるといえる。教師は、具体的に学習経験を組織するに当っては、本書や各教科の学習指導要領に示された学習内容をじゅうぶんに検討して、よく理解する必要がある。もちろん、学校や地域の社会の必要や、また児童・生徒の発達やその必要などを教育的な見地から検討し、さらに学習内容の性質をじゅうぶん考慮することによって教科の組織がえを行ったり、教科の統合をはかって広い領域の学習の道筋を設けたりすることも可能である。たとえば小学校、ことに低学年においては、児童はまだ分化した学習に進むほど発達していないから、その発達から考えて、こうしたやり方が望ましいであろう。また、逆に高等学校におけるように、生徒がじゅうぶん発達した場合には、一つの教科の内容を分割して独立の学習の道筋を設けることもできるのである。

　元来、このような学習経験の組織のしかたには、いろいろな型があり、それぞれの型には、その根底に、それをささえる教育課程についての教師の原理的な考え方がある。したがって、教師としては、一方において、いろいろな教育課程の型のもつ特性についてじゅうぶん研究しておく必要があろう。同時に、教育課程をささえる現実的な要因をもじゅうぶん考慮しなければならない。

　一般的にいって、教育課程を具体的に構成していくときに考慮しなくてはならない点は、次のようなものであろう。

(i) 教科による組織のしかたであっても、教育課程は、全体として児童・生徒の望ましい経験の発展を目ざすものであるから、教科間の連関をじゅうぶんに考慮し、学習内容の重複を避け、有効で能率的な組織ができるように計画しなければならない。

(ii) 児童・生徒は、その発達段階によって、その能力・関心・欲求などに相違が見られ、また著しい個人差があるから、与えられる経験内容も、それらに応じて用意されることが望ましい。小学校の低学年などでは、教科の区別にあまり強くとらわれることなく、むしろ内容の関連ある教科は、融

スクールリーダーの資料室

合して広い範囲の学習内容を準備するほうが実際には効果的であるといえる。また中学校では、教科を必修と選択に分け、高等学校では、単位制を採用するというような方法によって、発達段階や個人差に応じた弾力性ある組織のしかたをすることが必要であろう。

（ⅲ）学校の環境・校舎・教室の施設・教具などの物的な環境は、児童・生徒の学習活動を推進するのに大きな役割を果している。したがって、学習経験を組織する条件として、じゅうぶんにこの点を考慮していく必要がある。また、児童・生徒の経験の発展に強く影響するものに、学校のふんい気や、組織などの人的な環境がある。これは、教師や社会の人々の誠意とくふうによって、容易に改善されていくものであることを忘れてはならない。

（ⅳ）学習指導の計画をたて、それに基いて、児童・生徒の学習活動の指導をするものは、個々の教師である。したがって、教師の教育観、児童・生徒の理解の深さ、教育についての学識と指導の経験、指導の技術、計画力、指導力など、教師のもつ資質は、教育課程のいかんを決定する大きな要因となっている。どのような種類の教育課程であれ、それを現実に生かしていくことができるか否かは、教師その人の資質にかかっているともいえる。それゆえ教師は不断の研究、努力によって、今日の困難や障害を、一歩一歩取り除いてゆき、望ましい教育課程の実践ができるようにしなければならない。

（ⅴ）最後に考えねばならないことは、地域社会の人々の教育に対する理解や関心である。どのような教育計画をたてるにしても、地域社会の人々の教育についての関心度や理解度をじゅうぶんに考慮することなしには、有効な計画をたてることはできない。どんな教育課程を実施するにしても、地域の人々の積極的な助力なしには、決して予期する成果をあげることはできない。

　　進歩した教育課程を実施するほど、地域社会の人々の協力が必要である。

以上は、教育課程を構成するに当っての最も重要な仕事である。学習経験の組織のしかたについて、学校や教師が、考慮しなくてはならない諸点を述べた。これら以外にも、考えられるべき問題があろう。しかし、要は、これらの計画が、教師と、児童・生徒が動的に結びつき合う実践の場において、検証され、かつ、改善されていくことがたいせつである。よい教育課程の計画や実施は、決して一朝にしてでき上がるものではなく、実践の絶えない検証を経て、一歩一歩時日をかけて、築き上げられていくものであることをじゅうぶんに考えておくべきである。

（d）単元による学習経験の組織

児童・生徒は、それぞれの発達段階に即して、みずからの必要や関心や能力などに基いた欲求や問題をもっている。そしてそれらの欲求をみたし、問題を解決するためにさまざまな企てや活動を行っている。それらの活動が、じゅうぶん意味をもち、満足に行われたときに、かれらの生活経験は内部から有機的に発展していったということができる。

したがって、児童・生徒のこれらの活動がうまく行われ、教育目標に向かって生活経験が再組織されるように、適切な指導が行われることが必要とされる。単元による学習指導とは、このような目的に沿って、新しく取り上げられてきた方法である。単元学習とは、先に述べたような児童・生徒のさまざまな必要、関心、目的、問題などのうち、教育的に見て価値のある典型的なものをとらえ、それによって一連の活動を営ませ、生活経験が、目標に向かって高まるように指導していくことである。したがって単元とは、次のように言い換えることができる。

児童・生徒は問題を発見すると、その問題を解決しようとして、参考書を調べたり、現場を見学したり、実物を観察したり、他人の話を聞いたりして、その解決に努力する。またその結果は図表化される場合もあり、討議して批評し合う場合もある。さらには、その研究の結果が報告書にまとめられ、時には学校新聞に掲載されることもある。このようにし

て、児童・生徒たちは、いろいろにくふうをして問題を解決するようになるが、その解決の課程の中でさまざまな事がらについての理解を深め、態度を身につけ、能力を練る。そして児童が問題を解決する過程はおのずから一つのまとまりをもつようになる。そこで一般に単元とは児童・生徒の当面している問題を中心にして、その解決に必要な価値ある学習活動のまとまりであり、系列であるということができる。

しかし、単元ということばは、わが国の過去の教育において用られなかったわけではない。単元ということばが従来意味していたものは、系統的に配列された教材の一区分であって、たとえば、教科書の第1課、第2課というようなまとまりを示すのが普通であった。従来のこのような単元を、教材単元と呼ぶならば、現在、われわれの呼ぶ単元は、経験単元と称することができよう。前者が、学習すべき事項に重点をおいているとすれば、後者は、学習者の経験の成長を重んじ、その総合的な発展を目ざしているということができる。しかし、もちろんこれは、一般的な分類のしかたであって、実際には、教材単元と経験単元の中間に位置し、そのいずれとも区別しがたいような単元も多く見られる。ともかく右に述べたところをもとにして、現在広く用いられている単元学習の特質を次にまとめてしるしてみよう。

(ⅰ) 教師によって、一方的に課せられる課題の学習ではなくて、児童・生徒の必要・関心・目的・問題などに基いた意味ある問題解決の学習である。したがって目的が意識され、生き生きした学習である。

(ⅱ) 教師と、児童・生徒との協力によって計画がたてられるような弾力性をもった学習である。

(ⅲ) 単元の目標を達成するためには、単に教師の話を聞き、教科書を読むというだけではなく、必要な資料を集めたり、それをもとにして討議したり、まとめたり、批評しあったり、その結果をいろいろに表現したりするような多様な学習活動が行われる。

(ⅳ) 単元学習によって、単に、目標に照して、価値ある理解が深められるだけでなく、望ましい態度が身につけられる能力が練られる。

このような単元学習は、その特質から、当然広い範囲の学習内容がおのずから含まれるようになり、伝統的な狭い範囲の教科のわくを踏みこえていくようになる。しかし、すべての学習が単元によって指導されうるとはいえない。学習内容によって、単元組織に適するものと、そうでないものとのあることを知らねばならない。

(e) 単元の作り方

右に述べたように単元による学習においては、従来と異なって、児童・生徒の関心・欲求・問題などが重視され、それらが学習の計画において大きな役割を果していることが指摘される。このような学習に伴う一つの不安は、学習の過程において、あまりにも、児童・生徒の関心や欲求が重視されやすいので、指導が散漫となり、徹底しないということである。このような不安があればこそ、単元の作り方、あるいは単元の計画ということが、非常にたいせつな問題となってくるのである。

単元の学習によって指導の目標が達成されるためには、学習指導に先立って教師は、事前の計画をじゅうぶんにたてておく必要がある。事前の計画として教師のなすべきこととしては、おおよそ次のようなことである。

(ⅰ) 単元の学習によって、どのような重要な社会や自然についての諸概念を、児童・生徒に理解させるべきかについて、あらかじめ考えること。すなわち、単元の指導の目標をはっきりさせておくこと。

(ⅱ) 単元の主題に関連して、児童・生徒は、どのような関心や、欲求や、問題をもっているかについて予備的な調査を行ない、それをはっきりとらえておくこと。

(ⅲ) それに従って、児童・生徒のどのような欲求や問題をとらえて、その単元の学習に導いていくか

という導入の方法についての計画をたてること。

（ⅳ）単元の学習がどのような順序で展開していくかについて予想する。すなわち、学習活動が展開していくおもな筋道を考えておくこと。それとともに有効な学習の指導法について、あらかじめ考えておくこと。

（ⅴ）学習活動の展開に伴って、必要になってくるさまざまな資料や見学場所や学習に利用しうる施設、その他参考になるものを、調査し用意しておくこと。

（ⅵ）学習活動の評価の方法や、その機会を考えておくこと。

　このような事前の計画をじゅうぶんたてた上で指導に望まなくてはならない。

　さて、このような単元の計画は、個々の教師が、その地域や学校の実情、自分の担任する児童や生徒の関心・欲求・問題・能力などを考慮に入れて具体的にたてていくべきものである。しかし、すべての教師が、独力で単元をその根底から作っていくということは、きわめて困難なしごとである。したがって計画が適切にたてられないために、往々にして、児童・生徒のうちに実現されなければならない重要な概念や理解も、皮相にとどまって、その根底に入り得ないということが考えられる。

　そこに、個々の教師が、よく検討された豊富な単元の計画をたてるのに役だつ手がかりとなるものが必要となってくる。このような教師の単元計画の仕事を助けるものとして、文部省や教育委員会で著作する学習指導要領、一定の地区で、教師や校長が協力して作る単元の基底や資料単元が役だつであろう。資料単元は、多くの教師や、校長、指導主事、その他教育についての有識者などの協力によって、単元指導を実施した経験を生かして作られるものである。個々の教師は、これらから有力な示唆を得ながら、しかもこれらにとらわれることなく、自分の受け持つ児童・生徒に最も適した単元を作らなくてはならない。

　それでは、教師は、単元を作るときに、どのような点を考慮に入れるべきであろうか。その基準を次に考えてみよう。

（ⅰ）単元は、いろいろな児童・生徒の断片的な経験の寄せ集めではなく、それ自体として、動的な構造をもっていること、すなわち全体性をもったものであること。

（ⅱ）児童・生徒を、学習の展開につれて、社会や自然の中でもっとも根本的であり、かつ重要な諸部面に、広く入りこませ、これとじゅうぶん接触させるものであること。そのためには、学習のための時間がじゅうぶん与えられていること、児童・生徒の理解能力に適した学習経験が用意されていることなどが考えられる。

（ⅲ）単元の目標が明確にとらえられていること。すなわち、単元の学習によって、どのような望ましい知識・理解・態度・習慣・技能・鑑賞が、児童・生徒の身につけられるべきかがはっきりと考えられていること。

（ⅳ）児童・生徒が、みずから、自主的に、目的をたて、計画し、実施し、その結果を評価するというような一連の活動－問題解決の活動－を常に促進するものであること。

（ⅴ）児童・生徒が、学習活動の諸場面で、建設的に協力していくことによって、みずから問題を解決していくことができるように、民主的なふんい気がじゅうぶんつくられていること。

（ⅵ）得た理解や知識をいっそう明らかにし、かつ深めていくために、個人的あるいは集団的な各種の表現活動の機会が多く用意されていること。

（ⅶ）多極多様な個人差を考慮して、多彩な学習活動が用意されていること。

（次回は、年間計画・週計画のつくり方、学習指導と学習評価の在り方について掲載します）

私の一品

山陽小学校農園

岡山県赤磐市立山陽小学校校長
坪井秀樹

　本校は、児童数367名の中規模校で、令和3年に創立50周年を迎える。学校教育目標は「山陽の地を誇りに思い　心豊かに　たくましく生きる児童の育成」である。「たくましい体」「豊かな心」「確かな学力」の視点からの教育活動は当然のことであるが、それ以上に、「山陽の地を誇りに思う児童の育成」に重点を置いて、地域連携を展開している。児童の心に郷土愛を育み、成人しても山陽の地を誇りに思い続ける人を育てるには、地域連携というキーワードは欠かせない。そして、その地域連携の拠点となるのが、私の一品「山陽小学校農園」（広さは約400㎡）である。

　農園には、児童の学習の場として、野菜や果樹が植えられているが、その中でも、代表格が「桃の木」である。校区は、県下有数の桃の産地であり、本校の農園内には、「はなよめ」（早生　6月下旬収穫）、「冬美白」（晩生　10月下旬収穫）という品種の桃の木がある。この木を3年生の総合的な学習の時間に有効活用している。具体的には、赤磐市若手農業経営者グループの方からたくさんのことを教えていただきながら、春の受粉作業から収穫まで行っている。桃の袋かけは他校でも実施しているところがあるが、校内で桃の成長を観察し、1000袋近くの桃の収穫体験までできる学校はまれであると思う。なお、余談ではあるが、「はなよめ」の市場価格は1個200円程度。「冬美白」は、その10倍であり、収穫時期には、10万円を超える桃が実っていることになる。味も抜群で、糖度が高いのは、運動場で遊ぶ児童の声を聞いて育ったからではないかと校長は勝手に考えている。

　また、平成29年3月には、本校が東京オリンピック・パラリンピックの翌年に創立50周年を迎えることを視野に入れて、2年生（創立50周年時には6年生）が、同じく赤磐市若手農業経営者グループの方と「シャインマスカット」の苗木を農園に植えた。今年になって、大規模なぶどう棚も完成し（経費はPTA創立50周年記念特別会計から捻出）、現在は、順調に育っており、創立50周年の年には収穫が期待できそうである。

　地域連携のシンボルである「山陽小学校農園」は、これからも大切に守り育てていきたいと考えている。しかし、夏場は、雑草との戦いである。地域の方から「立派な農園ですね」とお誉めの言葉がいただけるように、校長は、自宅の田畑以上に、農園の維持管理に日々奮闘していきたい。なお、「山陽小学校農園」の日々の様子は、山陽小学校ホームページ「校長室の窓から」をクリックしてご覧いただきたい。

「ひろしくん」が見つめているもの

大阪府柏原市立国分中学校長
岩井晃子

　正門の坂を登ると本校のシンボル「ひろしくん」の像が見える。

　「自主」「創造」と刻まれた礎の上に立つ「ひろしくん」。まっすぐに伸ばした右手の向こうに何を見ているのだろうか。

　この像は、「創立20周年記念碑」として建てられ、建立者の名前が、そのまま愛称として使われている。

　70周年を迎える現在も国分中のシンボルであり、毎朝、「ひろしくん」に迎えられ、学校の一日が始まる。

　今から18年前、国分中に転任してきた初日、「ひろしくん」の前に立ち、右手の指差す方向を見た。はるか向こうに続く緑豊かな信貴山、生駒山系。この美しい自然に恵まれた学校で今日からの出会いを大切にしようと誓ったことをはっきりと思い出す。「主体的で創造的な人格を育成する」という学校教育目標のもと、知育、徳育、体育のバランスを意識してさまざまなことに取り組んだ。

　2年間を過ごし、教育行政への転機を経て、一昨年校長として、再び「ひろしくん」の前に立った。

　「変わってない」

　「ひろしくん」も、指差す方向に見える緑の山々も。18年ぶりに見る「ひろしくん」が「おかえり」と言ってくれたように感じた。

　情報化による社会的変化が人々の予測を超えて進化する時代になった。50年後の社会を想定した論議がなされ、人工知能（AI）の開発は教育にも大きな影響を与えている。

　そんな社会の変化を見守りながら、「ひろしくん」は凛と立っている。変わらず、まっすぐに何かを指差しながら。きっとこれからもずっと。

　「夢」「希望」「目標」「願い」「幸せ」「人生」

　「ひろしくん」の見つめているものは何かを問うた時、生徒たちは遠くを見つめるまなざしで答える。「『ひろしくん』の右手が示す方向、それは私たち一人一人の輝く未来です」。

　自分や社会の幸せを願う「心」は生徒一人一人の内面に眠っている。

　日々の授業やクラブ、生徒会活動を通して、自分や友達のよさを認め合い、切磋琢磨する3年間であってほしい。

　そして彼らの可能性を引き出し、輝く未来へつなぐ。それが、中学校の役割なのだ。

　そんなことを感じながら、今日も「ひろしくん」に見送られて、一日が終わる。

好評発売中！

次代の学びを創る 学校教育実践情報シリーズ

リーダーズ・ライブラリ　全12巻
Leader's Library

A4判、本文100頁（巻頭カラー4頁・本文2色／1色刷り）、横組
ぎょうせい／編
各巻定価（本体1,350円＋税）各巻送料215円
セット定価（本体16,200円＋税）送料サービス

これからのスクールリーダーを徹底サポート。
新課程下の「知りたい」を即解決！

■各巻特集テーマ

2018年
- Vol.01（04月配本）**新学習指導要領全面実施までのロードマップ**
  ＊to do と実施のポイントで今年度の課題を整理
- Vol.02（05月配本）**「社会に開かれた教育課程」のマネジメント**
  ＊PDCAで編成・実践する「社会に開かれた教育課程」
- Vol.03（06月配本）**Q&A新教育課程を創る管理職の条件**
  ＊知っておくべき学校管理職のための知識＆実践課題
- Vol.04（07月配本）**スクールリーダーのあり方・生き方**
  ＊求められるリーダー像はこれだ！ 各界に学ぶリーダー論
- Vol.05（08月配本）**若手が育つ学校～学校の人材開発～**
  ＊若手の意識を変える！ 年齢構成から考える組織マネジメント＆若手速成プラン
- Vol.06（09月配本）シリーズ授業を変える1：**今求められる授業の基礎技術**
  ＊徹底追究！ いまさら聞けない授業技術（板書、机間指導、指名etc）
- Vol.07（10月配本）シリーズ授業を変える2：**「問い」を起点にした授業づくり**
  ＊教師の「問い」研究 ―「主体的・対話的で深い学び」はこう実現する
- Vol.08（11月配本）シリーズ授業を変える3：**子供の学びをみとる評価**
  ＊もう迷わない！ 新しい学習評価の必須ポイント
- Vol.09（12月配本）**子供の危機管理**～いじめ・不登校・虐待・暴力にどう向き合うか～
  ＊子供を守れるリーダーに！ 次代の危機管理の傾向＆対策

2019年
- Vol.10（01月配本）**教師の働き方とメンタル・マネジメント**
  ＊管理職の腕次第!? 教師が生きる職場のつくり方
- Vol.11（02月配本）**インクルーシブ教育とユニバーサルデザイン**
  ＊「合理的配慮」から改めて特別支援教育を考える
- Vol.12（03月配本）**新教育課程に向けたチェック＆アクション**
  ＊実施直前！ 移行期の振り返りと課題の確認で準備万端

現場発！教職員一丸の学校づくりを実現する新発想！

「学校経営マンダラート」で創る
新しいカリキュラム・マネジメント

大谷俊彦 [著]

B5判・定価（本体2,000円＋税）送料300円 ＊送料は2019年6月時点の料金です。

カリマネ、資質・能力育成、チーム学校。新課程の諸課題に答えます！

◆「学校経営マンダラート」とは
アイデア発想法としてデザイン界で開発された「マンダラート」。ロサンゼルス・エンゼルスの大谷翔平選手が花巻東高時代に、自らの目標達成シートとして活用したことが大きな話題となっています。「学校経営マンダラート」は、これをカリキュラム・マネジメントに応用した独創的な「カリネマ」手法です。

◆「どのように役立つ」？
「学校経営マンダラート」の作成法、活用法、PDCAの手法などを詳細に解説。これに基づいて著者が校長として取り組んだ本山町立嶺北中学校の実践や成果を紹介。実践的・効果的な学校運営の手法を提案し、学校現場を強力にサポートします！

基礎・基本を踏まえ、実効のある授業づくりに
挑戦する、教師のためのサポートブック！

新教育課程を活かす
能力ベイスの授業づくり

齊藤一弥・高知県教育委員会 [編著]

A4判・定価（本体2,300円＋税）送料350円
＊送料は2019年6月時点の料金です。

◆ 指導内容ありきの授業から、
「育てたい**資質・能力**」を起点とした授業へ！
学びの転換に求められる教師の
「勘どころ・知恵・技」を凝縮。

株式会社 ぎょうせい

フリーコール
TEL：0120-953-431 [平日9～17時]　FAX：0120-953-495

〒136-8575　東京都江東区新木場1-18-11　　https://shop.gyosei.jp　　ぎょうせいオンラインショップ　検索

学校教育・実践ライブラリ　Vol.3
これからの通知表のあり方・作り方を考える

令和元年7月1日　第1刷発行

編集・発行　　**株式会社 ぎょうせい**

　　　　　〒136-8575　東京都江東区新木場1-18-11
　　　　　電話番号　編集　03-6892-6508
　　　　　　　　　　営業　03-6892-6666
　　　　　フリーコール　0120-953-431
　　　　　URL　https://gyosei.jp

〈検印省略〉

印刷　ぎょうせいデジタル株式会社
乱丁・落丁本は、送料小社負担のうえお取り替えいたします。
©2019　Printed in Japan.　禁無断転載・複製

ISBN978-4-324-10612-9（3100541-01-003）〔略号：実践ライブラリ3〕